노무현, 바보 대통령의 삶과 꿈

스코프는 책에 관한 아이디어와 원고를 설레는 마음으로 기다리고 있습니다. 책으로 엮기를 원하는 아이디어가 있으신 분은 이메일(bookrose@naver.com)로 간단한 개요와 취지, 연락처 등을 보내주세요. 망설이지 말고 문을 두드리세요. 길이 열릴 것입니다.

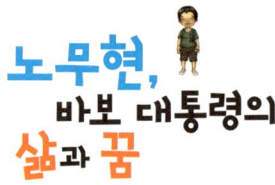

초판 1쇄 발행 | 2009년 7월 10일
개정판 1쇄 발행 | 2013년 1월 5일

지은이 | 이채윤
그린이 | 오주연
펴낸이 | 박영욱
펴낸곳 | 스코프

경영총괄 | 정희숙
편집개발자 | 이상모
편집 | 임은희 · 주재명 · 권기우
마케팅 | 최석진
표지 · 본문 디자인 | 최희선
디자인 | 서정희
법률자문 | 법무법인 명율 대표 변호사 **안성용**

주 소 | 서울시 마포구 서교동 468-2번지
이메일 | bookrose@naver.com
전 화 | 영업문의 : 02-322-6709   편집문의 : 02-325-5352
팩 스 | 02-3143-3964

출판신고번호 | 제313-2007-000197호
ISBN 978-89-6799-004-6 (73810)

「이 도서의 국립중앙도서관 출판시도서목록(CIP)은 e-CIP홈페이지 (http://www.nl.go.kr/ecip)와 국가자료공동목록시스템(http://www.nl.go.kr/kolisnet) 에서 이용하실 수 있습니다.(CIP제어번호: CIP2012005711)」

* 이 책은 스코프가 저작권자와의 계약에 따라 발행한 것이므로 이 책 내용의 일부 또는 전부를 이용하려면 반드시 스코프의 서면 동의를 받아야 합니다.
* 책값은 뒤표지에 있습니다.
* 잘못 만들어진 책은 구입하신 서점에서 교환해 드립니다.

누구누구 시리즈 ②

노무현, 바보 대통령의 삶과 꿈

이채윤 지음 | 오주연 그림

Scope

머리말
인권을 알려준 대통령

　노무현 대통령과 링컨 대통령은 닮은꼴입니다. 두 사람은 모두 가난한 집에서 태어나 어렵게 공부를 해서 변호사가 되고, 이후 정치인이 되지만 국회의원 선거에서 몇 번씩이나 떨어지는 고난을 겪지요. 그런데도 결국은 대통령이 되어 어려운 나라를 다스렸다는 점에서 참으로 많이 닮았습니다. 또 두 사람은 인간적이고 정직하며 소박하다는 공통점이 있지요.

　링컨이 대통령이 되었을 때, 미국은 흑인 노예 문제로 분열되어 있었습니다. 그러자 링컨 대통령은 남북전쟁을 통해서 미국을 하나로 통합시켰고 흑인 노예들을 해방시키는 데 앞장섭니다. 만약 노예 해방이 없었더라면 미국에서 흑인 대통령 오바마가 탄생할 수 있었을까요?

노무현 할아버지가 대통령이 되었을 때, 우리나라는 흑인 노예 문제와 같은 심각한 문제는 없었지만 동·서로 분열된 지역감정이 있었고, 가난한 사람들이 잘사는 사람들을 믿지 않는 빈부격차가 있었어요.

노무현 대통령은 정직하고 성실하게 살아가는 사람, 정정당당하게 승부하는 사람이 성공하는 사회를 만들고자 노력했습니다. 그는 링컨 대통령처럼 인권이 무엇인가를 확실하게 보여 준 진정한 대통령이었습니다. 노무현 대통령은 이렇게 말했습니다.

"인간의 자존심이 활짝 피는 사회, 원칙이 승리하는 역사를 우리 아이들에게 물려주어야 한다. 이것이 나의 간절한 소망이자 내가 정치를 하는 이유이다."

노무현 대통령은 부드러우면서도 강했던, 그래서 성공한 대통령으로 남은 링컨을 부러워했습니다.

지금 미국에서 가장 인기 있고 많은 존경 받는 대통령은 링컨 대통령입니다. 세월이 흐른 뒤에 노무현 대통령 또한 우리나라에서 그런 존재가 될 것이라 믿어 봅니다.

이채윤

노무현 대통령은 누구

　노무현 대통령은 2003년 2월 25일부터 2008년 2월 24일까지 우리나라의 대통령을 지내셨던 분입니다. 노무현 대통령은 가난한 집에서 태어나 상업고등학교를 졸업한 뒤 독학으로 사법시험에 통과하여 변호사 생활을 하다가 노동자의 입장을 대변하는 인권변호사로 활동했습니다.

　가난한 집에서 대통령까지 오른 노무현 대통령은 미국의 링컨 대통령에 비교되기까지 하는 인간 승리의 상징입니다. 마치 미국의 오바마 대통령이 흑인으로서 희망의 상징이 된 것처럼 노무현 대통령도 서민의 희망을 상징하는 우리나라의 대표적인 대통령입니다.

　노무현 대통령이 더욱 존경을 받는 이유는 서민 출신이라서

가 아니라, 편히 살 수 있는 기회를 스스로 포기하면서 불의와 부조리에 맞서 싸웠기 때문입니다. 노무현 대통령은 변호사 시절에 세금에 관련한 일을 하며 편히 살 수도 있었습니다. 그러나 고통 받는 노동자의 삶을 외면하지 못하고 변호사 자격을 잃으면서까지 대중을 위해 싸웠습니다.

국회의원 시절에도 편히 당선될 수 있는 길을 버리고 동서로 나뉜 지역주의를 없애겠다며 뻔히 불리함이 보이는 지역에서 국회의원 후보로 나섰습니다. 비록 성공과는 거리가 먼 삶을 살았지만 국민들이 먼저 그를 알아보았습니다.

정치인으로서는 처음으로 연예인과 같은 팬클럽이 생겼습니다. 우직하고 바보처럼 불의와 맞서 싸우는 모습에 감동을 받은 것이죠. 보통 정치인은 정치적 견해를 같이 하는 사람들의 모임인 '정당'의 힘으로 정치를 하는 데 비해서 노무현 대통령은 정당의 힘보다는 국민의 지지를 통해 정치를 했다는 것이 가장 큰 차이점입니다.

그래서 대통령직이 끝나고, 세상을 뜬 지금에도 국민들은 서민의 대통령으로서 노무현 전 대통령을 그리워하고 존경한답니다.

차 례

머리말 인권을 알려준 대통령　4
노무현 대통령은 누구　6

1장 불의는 절대 못 참아
여섯 살짜리 신동　12
나랑 필통 바꿀래?　19
불의는 못 참아　23
지식창고 선생님이 되려면 어떻게 해야 할까요?　34

2장 사람을 생각하는 변호사
미래를 생각하다　38
드디어 합격했어요　46
변호사가 되다　50
인권에 눈을 뜨다　54
억울한 사람들을 위해　59
지식창고 변호사가 되려면 어떻게 해야 할까요?　62

3장 바보 정치인, 노무현

거리의 변호사 66

절대 굽히지 않는 소신 72

지역감정을 없애자 78

바보 정치인 83

지식창고 국회의원이 되려면 어떻게 해야 할까요? 90

4장 약자를 위한 대통령

대통령 후보가 되다 94

국민의 대통령 후보 98

취임과 함께 찾아온 위기 103

탄탄하게 나라를 다지다 109

봉하마을 지킴이 117

거대한 슬픔 129

지식창고 대통령이 되려면 어떻게 해야 할까요? 132

재미있는 논술활동 134

불의는 절대 못 참아

 ## 여섯 살짜리 신동

"하늘 천, 따지, 검을 현, 누를 황……."

어린아이의 맑은 목소리가 집 안에 울려 퍼지고 있었습니다.

아이가 읽고 있는 것은 천자문이었습니다. 한학을 배운 아버지가 재미 삼아 아이에게 가르치기 시작한 것이었는데, 아이는 한 번만 일러 주면 무슨 글자든 척척 외울 뿐만 아니라 잊지도 않았습니다.

"하늘 천, 따지, 검을 현, 누를 황……."

아버지가 먼저 글자를 하나씩 가리키며 읽었습니다. 그리고 바로 이어서 이제 여섯 살밖에 안 된 꼬마가 열심히 그 글자를 따라

읽었습니다.

"한문은 덮어 놓고 외우기만 하는 것이 아니라 그 뜻을 새겨서 익혀야 하는 법이다. 지금 읽은 것은 하늘과 땅은 아득히 넓고 또한 누르다는 뜻이다. 알겠느냐?"

"네."

무현은 한문 공부만 좋아한 것이 아니라 아버지에게 이야기를 듣는 것도 좋아했습니다.

"아버지, 오늘은 재미있는 이야기 하나 해 주세요."

"그래, 공부를 잘했으니 한 가지 해 줄까?"

아버지는 얼굴 한가득 인자한 웃음을 담고 말했습니다.

"네! 해 주세요."

무현은 아버지에게 가까이 다가가다 아예 아버지 무릎 위에 앉아 버렸습니다. 그렇게 할 때마다 아버지는 재미있는 옛 이야기를 많이 들려주었습니다.

아버지가 들려주는 〈금도끼와 은도끼〉, 〈사자와 생쥐〉, 〈서울 쥐와 시골 쥐〉, 〈도깨비 방망이〉 등의 옛 이야기는 정말 재미있었습니다. 무현은 천자문을 배우는 것보다 아버지가 해 주는 이

야기를 듣는 것이 더 좋았어요.

아버지는 영리한 막내아들이 대견하기만 했습니다. 무현은 아버지가 마흔세 살에 낳은 늦둥이였습니다. 이제 쉰 살을 바라보는 아버지는 손자 같은 아들을 눈에 넣어도 아프지 않을 것 같았습니다.

그는 아내를 보고 말했습니다.

"여보, 우리 무현이는 앞으로 큰일을 할 것이 틀림없소. 어린 것이 이렇게 빨리 천자문을 다 떼고, 재미있어 하니 말이오."

그러자 어머니는 이렇게 대답했습니다.

"동네 어른들도 칭찬이 대단해요. 그런 어려운 천자문을 줄줄이 다 왼다고 신동이라고 소문이 났지 뭐예요."

무현은 천자문을 외우는 데에만 그치지 않았어요. 아버지를 따라서 붓글씨 쓰는 법을 배워서 동네 어른들을 다시 한 번 놀라게 했습니다.

"콩만 한 녀석이 어떻게 이런 글씨를 쓸 수가 있지? 우리 동네에 대단한 신동이 태어났어!"

이렇게 해서 언제부턴가 무현이의 별명은 '돌콩'이 되었습니다.

그것은 무현이가 다른 아이들에 비해 덩치가 작아서 붙여진 별명이기도 했지만 돌콩처럼 단단하고 야무지다는 뜻도 있습니다.

무현은 영특하면서도 좀 별난 아이였습니다. 향긋한 책 냄새가 코에 스며드는 것이 좋아서 천자문 책을 안고 자곤 했지요. 집안 사람들과 동네 어른들은 이런 무현이 기특하기만 했답니다.

1946년 9월 1일, 노무현은 경남 김해군(현재 김해시) 진영읍 본산리의 작은 마을인 봉하마을에서 3남 2녀 가운데 막내로 태어났습니다. 봉하마을은 봉화산 자왕골을 등에 지고 있는 마을인데, 이곳은 어린 무현이 나고 자란 풍요로운 무대입니다.

봉화산은 말이 달리는 모양처럼 생긴 바위산으로 해발이 169미터 정도인 야트막한 산입니다. 옛날에 이곳에 봉화를 올렸다 하여 사람들은 모두 봉화산이라고 불렀지요. 그 산에는 오래된 절터가 있고, 옆으로 드러누운 부처님이 큰 바위에 새겨져 있습니다. 사람들은 가야 시대의 왕자가 살았다는 전설이 있어서 그 산의 골짜기를 '자왕골'이라고 불렀습니다.

중학교를 졸업할 때까지 무현은 어린 시절을 그곳에서 보냈습

니다. 아이들과 어울려 그곳에서 칡을 캐고, 진달래를 땄으며, 바위를 타기도 했습니다. 골짜기 맑은 물에서는 목욕도 하고 물장구도 치면서 소박하지만 행복한 한때를 보냈지요.

봉하마을은 작은 마을이라서 학교가 없었습니다. 아이들은 모두 진영 읍내의 학교까지 10리 길을 걸어 다녀야 했습니다. 자연히 등하교 길은 아이들에게 큰 놀이터가 되었습니다.

학교에서 함께 돌아온 아이들은 소에게 풀을 먹이러 자왕골로 들어갔지요. 그때 무현이는 집에 소가 없어서 아이들을 무척이나 부러워하면서 같이 어울려 놀았습니다.

무현은 키가 작았습니다. 그러나 같은 또래 아이들 중 씨름이나 달리기에서 무현이를 따를 아이가 없을 정도로 운동 신경이 뛰어났습니다. 그런 무현은 동네 아이들과 전쟁놀이 하는 것을 좋아해 자주 이런 제안을 했어요.

"애들아, 우리 전쟁놀이 하면서 놀자."

"그래, 네가 대장 해. 제일 힘이 세니까."

"좋아. 이제부터 내가 대장 할게."

아이들은 전쟁놀이를 할 때뿐만 아니라 어려운 일이 생기면 항상 무현과 의논을 하고 그의 말에 따랐습니다. 왜냐하면 무현은 언제나 지혜로운 생각을 해 내어 어려운 문제를 풀어 주었기 때문이지요.

무현은 어려서부터 무척 개구쟁이였습니다. 그래서 장난도 많이 쳤지요.

봄이면 밀 서리를 하곤 했습니다. 밀 서리란 남의 밀밭에 숨어 들어가 밀을 베어다가 불을 붙여 구워 먹는 일입니다. 물론 서리를 하는 것은 나쁘지만 가난하고 군것질거리가 없던 당시에 시골 아이들이 즐겨 하던 일이었습니다.

무현이는 밀 서리를 하기 위해 아이들에게 각자의 임무를 주었습니다. 밀밭에 숨어 들어가 밀을 베어 오는 아이, 땔감을 준비하는 아이, 주인이 쫓아오는지 망을 보는 아이 등 모두가 무현의 지휘 아래 자기 몫을 했습니다.

아이들은 베어 온 밀을 내려놓고 불을 붙인 후 구웠습니다. 시간이 조금 흐르자 이윽고 연기가 피어오르기 시작했습니다.

탁, 탁, 탁타닥, 탁, 탁……

그런 소리가 나자 한 아이가 밀 이삭 하나를 꺼내 비벼서 먹어 보더니 "익었다!"라고 외쳤습니다. 그러자 아이들은 불을 끄고 꺼멓게 탄 밀 이삭을 손바닥에 올려놓고 비비기 시작했습니다. 뜨거워서 이 손 저 손으로 옮겨 쥐면서 껍질을 후후 불어 내고 밀 알을 입 안에 털어 넣었습니다. 무현이도 아이들 사이에 끼어 앉아 익은 밀알을 먹기 시작했습니다.

 '맛 좋다! 밀이 이렇게 고소한 줄 몰랐는데.'

 무현이는 감탄을 하며 부지런히 밀 이삭을 입 속으로 털어 넣었습니다.

 아이들의 손바닥은 금세 새까매졌습니다. 손바닥이 닿은 뺨도 새까만 것이 모두 아프리카 흑인 같았습니다.

 "히히히…… 너희들 모두 깜둥이가 됐네."

 "그러는 너는?"

 아이들은 서로 얼굴을 마주 보며 웃었습니다.

 ## 나랑 필통 바꿀래?

　무현이는 공부도 잘하고 성격도 명랑한 편이었습니다. 그런데 국민학교(지금의 초등학교) 시절 내내 집이 가난한 것이 마음에 걸렸습니다.
　2학년이 시작되면서 학교에서는 단체로 새 학용품을 주문했습니다. 그러나 돈이 없던 무현은 학용품을 주문하지 못하고 누나가 쓰던 찌그러진 필통을 가지고 다녔습니다. 무현은 그 필통이 창피했습니다. 매일 필통을 꺼내지 않을 수도 없었기 때문에 그것을 꺼낼 때마다 무척 괴로웠습니다.
　4학년이 되었을 때도 무현은 그 필통을 사용했습니다. 좀 꺼벙

한 아이가 무현이와 짝이 되었는데, 무현이는 그 아이의 필통이 탐났습니다.

"너, 이 필통이 낡아 보여도 굉장히 쓰기가 편하다. 네 필통이랑 바꿀래?"

꺼벙한 아이는 순순히 그러자고 했습니다. 반짝반짝한 새 필통과 고물 필통을 맞바꾸는 데 성공한 무현이는 기뻐서 어쩔 줄 몰랐지요. 그런데 반 친구들이 일제히 그를 비난하기 시작했습니다.

"야, 너 어떻게 급장(지금의 반장)이라는 아이가 어수룩한 친구를 꾀여 그런 일을 할 수가 있냐?"

아이들의 눈총은 따가웠고 무현이는 순식간에 궁지에 몰렸습니다. 친구들이 그를 따돌리고 이야기도 걸지 않는 것이었어요. 결국 무현은 항복하고 꺼벙한 아이에게 필통을 되돌려 주었습니다. 무현은 자기가 그런 짓을 한 것이 너무나 창피했습니다.

무현이가 6학년 때 신종생 선생님을 만났습니다. 신 선생님은 이제 막 사범학교를 졸업하고 학생들을 가르치기 시작한 햇병아

리 선생님이었지요. 그 선생님은 젊음의 패기와 열의로 아이들을 가르쳤습니다.

선생님은 엉뚱하고 당돌하지만 당당하고 공부도 잘하는 무현이를 무척 귀여워해 주었습니다.

선생님은 휴일이나 방학 때도 무현이를 학교로 불러서 따로 공부를 시키곤 했습니다. 집과 학교가 너무 멀어 무현이가 힘들어하자 선생님은 자기가 살던 자취방에서 무현이를 재워 주고 밥까지 먹이면서 공부를 시켰습니다. 선생님은 아이들이 잘못하면 무섭게 혼을 냈지만, 무현에게는 한 번도 벌을 준 적이 없을 만큼 많은 사랑을 주었습니다.

선생님은 무현에게 전교 회장 선거에 나가라고 권했습니다. 그러나 무현은 그럴 용기가 나지 않았습니다. 4학년 때에는 급장을 하지 않겠다고 울고불고 할 정도로 남 앞에 나서기를 싫어했던 무현이었습니다. 그러니 전교 회장 선거에 나선다는 건 상상도 할 수 없는 일이었습니다.

"저는 회장 선거에 나가지 않겠습니다."

무현이 말하자 선생님은 답답하다는 듯 외쳤습니다.

"바보 같은 놈, 그런 용기도 없어? 너무도 실망스럽구나."

무현이는 자신을 그토록 믿고 신경 써 주시는 선생님을 실망시킬 수 없었습니다. 그래서 결국 선거에 나섰습니다. 마지못해 나간 선거였지만 연설은 썩 훌륭하게 해 냈습니다.

무현이는 학생회장 선거에 출마하면서 "작은 고추가 더 맵심더"라는 구호 아래 자신을 뽑아 주면 학생과 학교를 위해 열심히 일하겠다고 연설을 했습니다.

결국 무현은 전체 502표 중에서 302표를 받으며 압도적으로 당선되었습니다. 이 일을 계기로 무현은 남 앞에 나서는 일에 자신감을 갖게 되었답니다.

 ## 불의는 못 참아

　국민학교 6학년 때, 교내에서 붓글씨 대회가 열렸습니다. 당시 무현이는 학교에서 붓글씨를 제일 잘 쓴다고 생각하고 있었습니다. 어린 시절부터 천자문을 외우며 붓글씨를 써 왔던 까닭입니다. 이따금 학교 대표로 붓글씨 대회에 나가서 상을 타 오기도 했었죠.

　드디어 대회 시간이 시작되고 붓글씨 담당 선생님은 학생들에게 종이를 한 장씩 나눠 주었습니다.

　"잘 들어라. 한 번 잘못 쓰면 종이를 바꿔 주지 않을 것이니 실수 없이 잘 쓰도록 해라."

무현이는 그날따라 이상하게 글씨가 잘 안 써졌습니다. 다시 쓰고 싶었지만 종이를 바꿔 주지 않는다는 선생님의 주의가 있었기 때문에 그대로 제출해 버리고 말았습니다. 그런데 옆 반의 선생님이 시험장에 오시더니 자기 아들의 글씨를 보고는 잘못 썼다면서 종이를 바꿔 주는 것 아니겠어요?

대회 심사 결과가 나온 날, 그 아이가 1등을 하고 무현은 2등을 했습니다. 너무나 억울해 도저히 참을 수가 없었던 무현이는 교탁으로 뚜벅뚜벅 걸어가서 붓글씨 담당 선생님에게 상을 돌려주었습니다.

"이게 무슨 짓이냐?"

선생님이 놀라서 물었습니다.

"저는 심사 결과에 승복할 수 없습니다."

"뭐라고? 너 참 건방진 놈이구나!"

붓글씨 담당 선생님은 화가 나서 무현이의 뺨을 때렸습니다. 무현은 너무 억울해 그 길로 집에 가서 큰형님에게 일러바쳤고, 큰형님은 학교에 찾아와 항의를 했습니다.

나중에 어른이 된 무현은 이렇게 말했습니다.

"지금도 그때의 일을 생각하며 매사에 내가 너무 잘난 척하는 건 아닌지 내 중심으로만 생각하는 건 아닌지 경계심의 고삐(말이나 소를 몰려고 잡아매는 줄)를 조이곤 합니다."

불의에 항의한 것이 잘못된 것은 아니지만 그 아이가 종이를 바꾸지 않았으면 자기가 당연히 1등을 했을 것이란 자만심을 가졌던 마음을 반성한 것이죠.

중학교에 들어갈 때에도 한바탕 난리법석이 벌어졌습니다. 무현이 진영 읍내에 있는 진영 중학교에 가려고 시험을 치고 집에 왔더니 어머니가 한숨만 푹푹 내쉬고 있었습니다. 입학금을 마련할 길이 없었기 때문이지요.

무현이가 합격해도 집에 돈이 없어 학교에 못 갈 형편이었습니다. 가슴이 답답해진 무현이는 집을 나와 친구 집에 놀러 갔습니다.

"너 왜 기운이 없어 보이니? 시험을 잘못 보았어?"

무현이의 시무룩한 얼굴을 보고 친구가 물었습니다. 그러자 무현이는 사정 이야기를 했어요. 이야기를 다 들은 친구는 뜻밖에도 돈 없이 입학하는 비결을 알려 주었습니다.

"방법이 전혀 없는 것은 아니야. 입학할 때 우선 책값만 내고 입학금은 봄 농사를 지은 후에 갚기로 약속해서 입학 허가를 받은 아이가 있거든."

무현이는 뛸 듯이 기뻐하며 집으로 달려와 어머니에게 그 얘기를 전했습니다. 그 말을 들은 어머니도 무척 기뻐하셨습니다.

"그런 방법이 있었구나. 우리도 그렇게 해 보자꾸나."

다음 날, 무현이는 어머니와 둘이서 진영 중학교의 교감 선생님을 찾아갔습니다. 우선 책값만 내고 여름에 복숭아 농사를 지어서 입학금을 낼 테니 입학시켜 달라고 사정을 했습니다. 그러나 교감 선생님은 안 된다고 딱 잘라 말하는 것이 아니겠어요?

"넌 공부하지 말고 농사나 열심히 배우는 것이 좋겠다."

이렇게 말하는 교감 선생님을 보고 무현은 기가 차서 말조차 나오지 않았습니다. 너무 억울했던 무현은 따지듯 물었습니다.

"그럼 교감 선생님 아들은 왜 공부시킵니까?"

교감 선생님은 아무 대답도 하지 않았습니다.

"교감 선생님, 그러지 마시고 우리 무현이 좀 입학시켜 주세요. 약속은 꼭 지키겠습니다."

어머니가 매달려 통사정을 했지만 교감 선생님은 고개를 가로저었습니다.

"아주머니 큰아들 좀 보시오. 대학 나와도 저렇게 백수건달 아니오? 그런데 이 아이까지 공부시킬 필요가 있겠소?"

그 말을 들은 어머니는 얼마나 서럽고 분했던지 교감 선생님 앞에서 펑펑 울기 시작했습니다. 그래도 아들을 입학시키고 싶어

차마 대들진 못하고 계속 울면서 교감 선생님에게 매달렸습니다. 옆에서 지켜보다 못한 무현이가 입학 원서를 북북 찢어 버렸습니다.

"어머니, 집에 갑시다. 나 이 학교 안 다녀도 좋아요!"

이렇게 얘기하고 무현은 그곳을 뛰쳐나와 버렸습니다. 그러자 교감 선생님은 이렇게 소리쳤습니다.

"저 봐라. 저런 놈 공부시켜 봐야 깡패밖에 안 된다니까!"

그래도 어머니는 싫은 소리 한마디 못하고 교감 선생님에게 계속 매달렸습니다. 그런 어머니가 보기 싫었던 무현이는 다시 들어가 어머니의 팔을 끌고 나오며 또다시 외쳤습니다.

"가요! 이 학교 아니면 학교 없나!"

집에 돌아오자 난리가 났습니다. 사정 이야기를 들은 후 제일 난처해진 사람이 큰형님이었습니다. 대학까지 나와서 사법고시 공부를 하다가 취직을 못하고 백수로 지내고 있던 큰형님이었습니다. 다음 날 학교를 찾아간 큰형님은 교감 선생님의 멱살을 잡고 큰소리를 쳤습니다.

"교육자라는 사람이 '공부해 봐야 깡패밖에 안 된다' 는 비교육적인 말을 할 수가 있는 거요? 내가 교육청에 당신을 고발할 테니 그렇게 아시오."

그렇게 윽박지르자 교감 선생님은 얼굴빛이 허옇게 변해서 큰형님에게 싹싹 빌기 시작했습니다. 그 일로 무현이는 외상 입학을 할 수 있게 되었습니다.

중학교에 입학한 무현이는 무엇인가 잘못된 것을 보면 절대로 참지 못하는 성격이었습니다.

어느 날 학교에서 수업을 하지 않고 '우리 이승만 대통령'이라는 제목으로 작문을 하라고 했습니다. 3월 26일에 있을 이승만 대통령 생일을 기념하기 위한 행사였지요.

"너희들, 글을 잘 지어 보거라. 장원에게는 큰 상이 주어질 것이다."

선생님이 그렇게 말했습니다. 그런데 그것은 며칠 후에 있을 대통령 선거를 앞둔 선거 운동과 다름이 없는 것이었어요. 선거는 공평하게 치러야 하는데 그때 이승만 대통령은 여러 가지 잘못된 방법을 사용하려고 했어요. 무현이는 형님들이나 다른 분들

에게 말을 많이 들어서 그 사실을 잘 알고 있었습니다.

'우리가 이승만 대통령을 찬양하는 글을 왜 써야 하는 거지? 이것은 옳지 못한 일이야.'

무현이는 친구들에게 아무것도 쓰지 말자며 '백지 동맹'을 선동했습니다. 그러자 교실 분위기는 금세 엉망이 되어 버렸고 많은 학생들이 글을 쓰지 않았습니다. 감독을 하러 들어온 여선생님은 어쩔 줄 몰라 하다가 결국 울음을 터뜨렸습니다.

그런 사태를 선동한 무현이는 결국 교무실에 끌려갔습니다. 더욱이 무현이는 '우리 이승만 대통령은 바보!'라고 적고 자기 이름을 써 내기까지 했습니다.

한참 후 무현이를 발견한 교감 선생님이 지도부 주임에게 물었습니다.

"이놈은 뭐야?"

지도부 주임이 그 이유를 설명하자 교감 선생님은 고소한 듯이 노려보며 말했습니다.

"이놈, 역적 아니야? 역시 못된 놈은 할 수 없구먼."

예전 일을 기억했는지 교감 선생님은 악담을 했습니다.

마침내 무현이는 학교를 그만두겠다는 각오를 하고 지도부 주임이 잠시 자리를 비운 사이에 집으로 와 버렸습니다. 그리고 집에 가서 큰형님께 학교에서 있었던 일을 말씀드렸습니다. 그러자 큰형님은 무현이를 크게 나무랐습니다.

"네가 옳다고 생각해서 한 일이면 끝까지 당당하게 버틸 일이지 왜 도망을 왔느냐. 학교에 가서 당당히 따지도록 해라."

그리고 큰형님은 만약 이 일로 퇴학을 당하더라도 더 좋은 학교로 보내 줄 테니 걱정하지 말라는 격려도 잊지 않았습니다. 사실 이 격려는 당시 무현이네 집 형편상 실현이 불가능한 것이었지만, 아무튼 무현이에게는 큰 힘이 되었습니다.

다음 날 아침, 무현은 학교 가기를 조금 주저하다가 지각을 했습니다. 지도부 주임 선생님은 다른 지각생들은 그냥 보내고 무현이만 교무실로 데려가더니 종이 한 장을 주었습니다.

"다른 말은 하지 않겠다. 여기에 반성문을 쓰도록 해라."

그러나 무현이는 백지 동맹을 하게 된 과정만 적고 잘못했다는 말은 한마디도 쓰지 않았습니다. 주임 선생은 반성문을 읽어 보

더니 혼잣말로 중얼거렸습니다.

"이놈, 자만심이 대단히 강한 놈이군."

그러더니 무현이를 보고 물었습니다.

"너, 이승만 대통령이 어떤 분인지 알기나 하냐?"

"옛날에는 독립운동을 한 훌륭한 분이었으나 지금은 독재(권력을 차지하고 마음대로 하는 것)를 하고 있는 분입니다."

무현이가 그렇게 대답하자 순간 분위기가 험악해졌습니다.

"너 이놈, 고약한 놈이구나. 조그만 놈이 뭘 안다고! 누가 그렇게 가르쳐 주더냐?"

주임 선생님이 눈을 부릅뜨면서 물었습니다.

"형님이 하시는 말씀을 들었습니다."

큰형님은 대쪽 같은 성격으로 주변에 소문이 자자한 분이었습니다. 그래서인지 주임 선생님은 부드러운 말투로 무현이를 달랬습니다.

"이놈아, 네가 그런 말을 한다고 세상이 달라지지 않아. 네 장래를 봐서 용서해 주려는 것이니 용서를 비는 반성문을 다시 쓰도록 해라."

그러나 무현이는 반성문을 쓰지 않았습니다. 이를 본 주임 선생님은 다시 무현이를 달랬지만 끝까지 버티기로 작정하고 꼼짝도 하지 않았습니다.

"너 같은 황소고집은 처음 보겠다. 교실로 돌아가거라."

결국 주임 선생님이 손을 들고 말았습니다. 그러나 무현이는 퇴학을 당하지도 않았고 벌을 더 받지도 않았습니다.

학교 내에서 말썽꾼으로 통하던 무현이는 2학년 때 대단한 일을 해 냈습니다. '부일 장학생' 시험에 합격한 것입니다. '부일 장학회'는 당시 한국 최초이자 최대의 장학 재단이었습니다. 이 장학회는 해마다 전국에서 수재들을 불러 모아 시험을 쳐서 35명의 장학생을 뽑았는데, 그 경쟁이 아주 치열했지요.

무현이가 '부일 장학생'이 된 것은 시골 학교로서는 큰 경사였습니다. 그 뒤 무현이는 장학생으로 부산 상업 고등학교에 입학했습니다.

지식창고

선생님이 되려면 어떻게 해야 할까요?

노무현 대통령의 어린 시절 많은 영향을 끼친 분이 바로 선생님입니다. 그러면 선생님이 되려면 어떻게 해야 할까요?

일단 초등학교 선생님이 되는 방법과 중고등학교 선생님이 되는 방법이 다릅니다. 초등학교 선생님이 되려면 교육대학교에 입학해서 공부를 해야 합니다. 각 지역별로 교육대학이 있으니 그곳에서 공부를 하면 됩니다. 현재 전국에 초등학교 교육기관이 있는 13개 대학이 있습니다. 서울교육대학교, 경인교육대학교, 춘천교육대학교, 청주교육대학교, 공주교육대학교, 전주교육대학교, 광주교육대학교, 대구교육대학교, 부산교육대학교, 진주교육대학교, 제주대학교 교육대학, 한국교원대 초등교육과, 이화여대 초등교육과가 그곳입니다.

교육대학을 졸업하면 초등학교 정교사 2급 자격증이 주어집니다. 그러나 대학을 졸업한다고 바로 선생님이 되는 것은 아닙니다. 매년 치르는 임용고시에 합격을 해야 하는데, 3차까지 모두 합격하고 나면 전국 국공립 초등학교에서 선생님으로 일할 수 있답니다.

중고등학교 선생님은 초등학교 선생님과는 다르게 과목에 따라 다른 학과를 가야 합니다. 이런 대학교를 사범대학이라고 하는데, 보통 학과명에 '~교육과' 라는 이름이 붙어 있습니다. 예를 들면 국어교육과, 수학교육과 하는 식이죠. 사범대학을 졸업하고 나면 초등학교 선생님처럼 교사자격증을 받습니다. 그리고 또 임용고시에 합격해야 전국 국공립 중고등학교에 선생님으로 발령을 받을 수 있습니다.

선생님이 되는 길은 이렇게 어렵답니다. 단지 공부만 잘하면 되는 것이 아니라 학생들을 올바른 길로 인도하겠다는 투철한 사명의식이 있어야 하기 때문이죠. 노무현 대통령의 어린 시절 이야기에서도 보았듯이 선생님은 학생들에게 엄청난 영향을 끼치기 때문입니다.

참고로 현재 초등학교 선생님은 약 18만 명이 계시고, 여자 선생님이 75퍼센트, 남자 선생님이 25퍼센트 정도 된답니다.

2장 사람을 생각하는 변호사

 ## 미래를 생각하다

　무현이는 3년 장학금을 받고 부산으로 유학을 갔습니다. 당시 부산 상업 고등학교에는 시골 출신들이 많았습니다. 졸업 후 은행에 취직할 수 있다는 꿈이 있었기 때문에 학생들은 모두 열심히 공부했지요.

　그런데 무현이는 2학년이 되면서 공부에 재미를 느끼지 못하고 '농땡이'를 치기 시작했습니다. 머리를 안 깎이려고 시험 시간에 도망을 치기도 했고 친구들과 어울려 술과 담배를 배우기도 했습니다. 당연히 상위권에 있던 성적은 2학년 때부터 뒷걸음을 치더니 결국 중간도 안 되는 수준까지 떨어졌습니다.

그러나 3학년이 되면서부터 고향의 부모님이 생각나기 시작했습니다. 두 분 모두 환갑을 넘긴 터라 수입이라고는 야산 돌밭을 개간하여 고구마를 심어 파는 것과 하천을 정비하는 일을 도와주며 몇 푼 얻어 오는 정도가 전부였습니다. 무현이가 방학 중에 집에 내려가도 저녁은 늘 메밀 죽이었습니다.

큰형님은 여전히 직장을 못 구해 놀고 있었고, 작은형님 또한 힘든 직장에서 일하면서 어려운 생활을 하고 있었습니다. 무현이는 고등학교를 졸업한 후 자신이 부모님을 모셔야겠다고 생각했습니다.

'그러기 위해선 고향에서 다닐 수 있는 직장에 취직해야 한다. 그래, 바로 농협에 시험을 치는 거다!'

그렇게 결심한 무현이는 뒤늦게 취직 시험 공부를 하기 시작했습니다. 그러나 너무 놀았던 탓이었을까요? 굳은 결심 후에 치른 시험이지만 결국 떨어지고 말았습니다. 무현이는 무척 속이 상했고 고향의 부모님도 실망이 매우 컸습니다.

마침 학교에서 '삼해공업'이라는 어망 만드는 회사를 소개해 주었습니다. 무현이를 비롯해서 네 명이 그 회사를 다니게 되었

는데, 아직 졸업 전이라 모두 교복을 입고 근무를 했습니다.

어느 날, 상무가 무현이와 그 친구들을 부르더니 교복을 벗고 다른 옷을 입고 나오라고 했습니다. 옷 살 돈이 없던 무현이는 친구에게 옷을 한 벌 빌려 입었습니다. 그러나 매일 같은 옷만 입고 가자니 무척 창피했습니다. 물론 옷이 없기는 다른 아이들도 매한가지였죠.

그때 무현에게 좋은 생각이 떠올랐습니다.

"우리는 체격이 비슷하니까 서로 돌려가며 옷을 바꾸어 입자."

그러자 모두가 찬성했고, 그 후로 아이들은 서로 옷을 돌려가며 바꾸어 입고 다녔습니다. 한 달 후 드디어 첫 월급이 나왔지만 한 달 하숙비도 안 되는 2700원이었습니다.

사장은 월급을 4000원으로 올려준다고 했지만 무현이는 4000원을 받아도 그 회사에서는 비전이 보이지 않는다고 판단했습니다. 무현이는 아주 중대한 결심을 했습니다. 고향에 내려가 법관이 되는 사법고시 공부를 시작하겠다고 작정한 것입니다.

무현이 직장을 그만두고 고향으로 돌아오자 부모님은 무척 실망하셨습니다. 하필 작은형님마저 실직을 하고 집에서 잠시 쉬고 있을 때였습니다. 아들 삼형제가 모두 실업자가 되어 돈벌이를 못하고 있으니 부모님의 실망이 큰 것은 당연한 것이지요.

"법대를 나온 네 큰형도 포기한 사법고시를 치겠다니 제정신이 아니구나."

기대했던 막내아들마저 직장을 관두고 공부를 하겠다고 하니 어머니는 질색을 하며 말렸습니다. 그러나 아버지는 어려서부터 총기가 있는 무현이를 믿는 눈치였습니다.

"네 뜻이 정 그렇다면 딴마음 먹지 말고 깊이 파고들어 보아라."

무현은 아버지의 격려에 용기를 얻었습니다. 그는 마을 건너편 산기슭에다 흙집을 하나 짓기로 했습니다. 작은형님도 그를 도와 집을 지었습니다. 두 사람은 산에 가서 널찍한 돌을 골라 구들을 깔고 소나무를 베어다 서까래를 올렸습니다. 볏짚도 한 단씩 얻어 지붕까지 올리자 마침내 근사한 집이 완성되었습니다. 아버지는 이 집에 마옥당(磨玉堂, 옥을 가는 집)이란 이름을 붙여 주셨습니다.

무현은 귀향할 때 사 가지고 온 책과 큰형이 보던 빛바랜 법서

를 꺼내 공부를 시작했습니다. 하지만 공부는 쉽게 풀리지 않았습니다. 공부를 시작하고 보니 고시 공부에 필요한 책이 무척 많다는 것을 알게 되었어요. 그런데 책 살 돈은커녕 당장 먹고살기도 어려운 처지였으니 공부가 머리에 들어올 리가 없었지요.

그해 여름, 무현은 친구와 함께 울산으로 갔습니다. 고시 공부를 할 때 필요한 책을 사려면 돈이 필요했기 때문이지요.

당시 우리나라는 '경제 개발 5개년 계획'을 펼치면서 울산에 대대적인 공업단지를 만들고 있었습니다. 그래서 울산에 가면 돈 벌 수 있다는 소문이 무성했지요. 여기저기서 큰 공사를 하는 덕분에 일자리가 많아 너도나도 울산으로 모여들었습니다.

무현은 친구와 함께 비료 공장을 짓는 공사장에서 일을 했습니다. 여름이라서 잠은 공사장의 콘크리트 바닥에 가마니를 깔고 잤습니다. 그러다 보니 사람의 몰골이 거지와 다를 바가 없었지요.

그러던 어느 날, 무현에게 또 다른 불운이 찾아들었습니다. 공사장에서 작업을 하고 있는데 무엇인가 무현에게 휙 날아들지 뭡니까?

2장 사람을 생각하는 변호사

앗! 하고 비명을 지를 틈도 없이 무현은 쓰러지고 말았습니다. 커다란 나무토막이 그의 얼굴을 강타한 것입니다. 그는 그 자리에서 정신을 잃었고 겨우 눈을 떠보니 병원이었습니다.

"그만하기 다행이다. 나는 네가 죽는 줄 알았어."

친구가 눈물을 흘리며 말했습니다. 무현은 이가 3개나 부러지고 턱이 찢어진 데다 얼굴이 퉁퉁 부어서 자신의 얼굴조차 알아보지 못할 지경이었어요.

그런데 무현은 자신의 몸보다 치료비가 더 걱정이었습니다. 그때까지만 해도 그는 산업 재해 처리에 대한 상식이 전혀 없었던 것이지요. 노동을 해서 겨우 모은 4000원을 병원비로 다 날리지나 않을지 걱정이었습니다. 무현이 치료비 걱정을 하자 친구가 말했습니다.

"너 바보 아니냐? 그런 걱정은 하지 마. 산재 보상금이라는 것이 나오거든. 허리도 아프다고 엄살 부려라. 구리 가루를 허리에 바르고 엑스레이를 찍으면 뼈에 금이 간 것처럼 진단이 나온대. 그러면 산재 보상금도 더 많이 나올 거야."

그 말을 들은 무현은 치료비를 안 내는 것만도 다행이라고 생각했습니다. 친구의 꼬드김대로 엄살을 피울 생각은 없었어요. 훗날 산업 재해 전문 변호사가 된 그가 '산재 보상'이란 제도가 있다는 것을 그때 처음 알았다니, 참 재미있죠? 그때 부러진 이는 그로부터 9년이 지나 사법고시에 붙고 난 후에야 갈아 끼울 수 있었습니다.

무현은 몸이 망가진 상태로 고향으로 돌아왔습니다. 돈도 벌지 못하고 공부도 별 진전이 없는 세월이 계속되자 무현은 점점 초조해지기 시작했습니다.

그때 영장이 나왔습니다. 무현은 걱정이 많던 차에 군대를 가게 된 것이 다행이라고 생각했습니다.

 ## 드디어 합격했어요

무현이 제대를 하고 집에 왔을 때, 집안 사정은 많이 좋아져 있었습니다. 큰형님과 작은형님이 5급 공무원 시험에 합격해서 돈을 벌기 시작했기 때문이었어요.

무현은 '마옥당'을 수리하고 다시 고시 공부를 시작했습니다. 무현이 고시 공부에 열을 올리고 있을 즈음, 뜻밖에 커다란 불행이 찾아왔습니다. 무현의 정신적 지주였던 큰형님이 불의의 교통사고로 세상을 떠난 것입니다.

'아, 어떻게 이런 일이 일어날 수 있단 말인가!'

무현은 도저히 그 사실을 믿을 수도 받아들일 수도 없었어요.

하지만 큰형님이 세상을 떠난 것은 엄연한 사실이었습니다. 화장을 해서 한 줌 재로 변한 형님의 유해를 산에 묻고 돌아올 때는 길도 제대로 보이지 않았습니다. 그토록 무현을 아껴 주고 자신의 못다 한 소망을 동생에게 걸었던 큰형님이 아닌가!

무현은 어릴 때부터 부산대 법대를 졸업하고 고시를 준비하던 큰형님한테 많은 영향을 받았습니다. 고등학교 때에는 생활기록부에 장래희망을 은행원이라고 썼지만 사실 공부를 하던 형의 영향을 받아 사법고시에 합격해서 판사가 되고 싶었습니다.

큰형님이 돌아가시고 난 그때부터 무현에게는 이상한 증상이 하나 생겼습니다. 책을 읽기만 하면 가슴이 울렁거리면서 답답해지는 알지 못할 병에 걸린 것입니다. 시험 보는 날이 앞으로 40여 일밖에 남지 않았는데 전혀 공부를 할 수 없었습니다. 책장을 넘기고 있는 동안에도 삶과 죽음에 대한 끝도 없는 생각에 빠져들었어요.

'공부를 하면 뭣하나, 합격을 하면 뭣하나.'

초조해지고 조바심이 나서 책상 앞에 앉아 있을 수조차 없던 무현은 시험을 한 달 앞두고 집으로 돌아왔습니다. 집에 돌아와

2장 사람을 생각하는 변호사

도 가슴이 답답하기는 마찬가지였습니다. 큰아들을 잃은 부모님은 슬픔에 잠겨 있었습니다. 그 사이 무현은 결혼을 해서 애까지 낳았었는데, 갓난아이인 아들은 잠을 자지 않고 밤새 울어댔습니다.

무현은 독하게 마음먹고 결론을 내렸습니다.

'형님의 꿈 그리고 나의 꿈인 고시에 합격하는 것 외에는 그 어떤 탈출구도 없다.'

무현은 억지로 공부에 매달려서 시험에 응시했지만 시험에 떨어지고 말았습니다. 첫 단추를 잘못 끼워서일까요. 무현은 고시에 세 번이나 응시했으나 번번이 떨어졌습니다.

무현은 네 번째 시험을 봤습니다. 1975년 3월 27일, 합격 결과가 나오는 날이었습니다. 무현은 불안한 마음을 떨쳐 버릴 수 없어서 그냥 낮잠을 청했습니다. 그런데 "무현아! 무현아!" 하는 친구의 목소리가 그의 잠을 깨웠습니다.

"합격이야! 네가 합격했어!"

소식을 듣고 아내는 무현의 무릎에 엎드려 부끄러운 줄도 모르고 엉엉 소리 내어 울었습니다. 이윽고 집안은 온통 울음바다가 되었습니다. 그때 무현은 저세상으로 떠난 큰형님에게 이렇게 외쳤습니다.

"형님! 지하에서도 신문을 보십니까? 아버지, 어머니도 형님 생각에 자꾸만 우십니다."

무현의 합격은 고등학교를 졸업한 지 9년 만의 일이었습니다. 늦깎이 고시 합격으로 그는 세상을 다 얻은 듯이 기뻤고, 그런 기분은 제법 오래갔습니다. 길을 가면서도 아무나 붙들고 "저, 고시에 합격했습니다" 하고 소리치고 싶었답니다. 고등학교 졸업 후 거의 10년간을 사회와 격리되다시피 고시 공부에만 매달려 살아온 그였으니 그 기쁨이야 이루 말할 수 없었겠지요.

그때부터 무현은 2년 동안 연수원에서 판사가 되기 위한 공부를 했습니다. 돌이켜 보면 그 시절이 그에겐 더없이 자랑스럽고 보람된 시절이었습니다. 쟁쟁한 대학을 나온 최고의 엘리트들과 어울린다는 사실만으로도 무현에게는 새로운 자극이었고 보람이었던 것입니다.

 ## 변호사가 되다

　사법 연수원에서 2년간의 교육을 받은 무현은 대전지방법원에 판사로 임용되었습니다. 그렇게 꿈꾸어왔던 판사 생활이었지만, 무현의 생각과는 전혀 다른 단조로운 생활의 연속이었습니다.
　출근을 하면 서기가 책상 왼쪽 모서리에 사건 기록을 갖다 줍니다. 그러면 판사는 그 서류를 검토하고 메모해서 오른쪽 모서리로 옮겨 쌓아 놓습니다. 온종일 갑갑하다고 느낄 정도로 지루한 그 일이 계속되었습니다.
　무현은 수동적이고 위엄만 앞세우는 다른 판사들을 보며 판사가 된 것을 후회했습니다. 뭔가 보람차고 활발한 생활을 하고 싶

었습니다. 결국 판사 생활을 시작한 지 8개월도 안 되어서 사퇴하기로 결심하고 상관인 부장판사에게 사표를 제출했습니다.

무현은 변호사 개업을 하기 위해 부산으로 갔습니다. 당시 무현은 돈을 좀 벌면 아내와 함께 시골에 별장도 하나 짓고 번듯하게 살아보자는 소박한 꿈을 꾸었습니다.

부산에 변호사 사무실을 낸 '변호사 노무현'의 바람은 전문 변호사가 되는 것이었습니다. 여러 전문 변호사와 함께 법률 사무소를 차려 종합적인 법률 서비스를 제공하고 싶었습니다. 하지만 막상 개업을 하고 현실과 부딪쳐 보니 그것은 무척 어려운 일이었어요. 무엇보다 그날그날 사건에 쫓겨 전문 분야를 공부할 시간의 여유가 없다는 것이 가장 큰 문제였습니다.

그러던 어느 날이었습니다. 한 아주머니가 찾아와서 사건을 의뢰했습니다. 아주머니의 남편이 사기 혐의로 구속되었는데 그 사건의 변호를 맡아 달라는 것이었습니다. 노 변호사는 60만 원의 수임료를 받고 사건을 맡았습니다.

아주머니가 돌아간 후 사무장이 말했습니다.

"변호사님, 얼른 그 아주머니의 남편을 만나세요. 변호사님이

피의자(범죄를 저질렀다는 혐의를 받고 있는 사람)를 만나기도 전에 합의를 봐 버리면 아주머니가 해약을 요구해 올지 모릅니다."

변호사가 피의자를 만나면 사건이 진행된 것이니까 변호사는 받은 수임료를 돌려주지 않아도 됩니다.

그런데 그 사건은 사실 당사자 간에 합의만 하면 변호사의 변론도 필요 없는 사건이었습니다. 당연히 변호사로선 사건을 맡기 전에 먼저 합의를 해 보라고 권유했어야만 했지요. 그런데 노 변호사는 막 개업을 하고 사무실에 돈이 딱 떨어져서 곤란을 겪고 있었던 때라 그 사건을 덜컥 맡아 버린 것입니다.

그런데 걱정하던 일이 터지고야 말았습니다. 노 변호사가 남편을 만나고 돌아온 다음 날 아주머니가 찾아온 것이지요.

"변호사님, 다행히 상대방과 합의를 보았어요. 사건 의뢰를 해약해 주세요."

순간 노 변호사는 눈앞이 깜깜해졌습니다. 수임료로 받은 60만 원으로 밀린 사무실 세를 내어 돈이 한 푼도 없었던 것입니다.

"아주머니, 이 사건은 이미 진행된 사건이라서 돈을 돌려 드릴 수가 없습니다."

노 변호사는 낯이 간지러웠지만 일단 일을 시작하면 수임료를 돌려줄 수 없다는 계약서를 보여주었습니다.

　"어떻게 그럴 수가 있지요? 단 한 번 사람을 만나고 와서 그 돈을 떼어먹을 수가 있는 건가요?"

　아주머니는 울먹거리며 말했습니다.

　"죄송합니다. 법이 그렇게 되어 있으니 양해하십시오."

　노 변호사는 속으로는 미안하고 얼굴도 화끈거렸지만, 그렇게 말할 수밖에 없었습니다. 당시 그 아주머니는 눈물을 흘리며 이렇게 말하고 돌아갔습니다.

　"변호사는 본래 그렇게 해서 먹고삽니까?"

　아주머니의 그 말은 칼날처럼 노 변호사의 가슴을 찔렀습니다. 그는 정신이 멍해져 창가로 가서 하늘을 쳐다보았습니다.

　'가난하고 힘없는 사람들을 위해 살겠다던 내가 지금 무슨 짓을 하고 있는 것인가?'

　이 일을 늘 부끄럽게 생각하던 노 변호사는 훗날 대통령이 되어서, "백발의 할머니가 됐을 그 아주머니에게 따뜻한 용서를 받고 싶다"라며 후회했습니다.

 ## 인권에 눈을 뜨다

　힘들게 시작한 변호사였지만 노 변호사의 사무실은 번창하였습니다. 노 변호사가 상업 고등학교를 나온 덕분에 돈을 셈하는 데 밝아서 세금에 대한 사건을 잘 처리했습니다. 그래서 부산 지역의 기업들이 세금 때문에 문제가 있으면 노무현 변호사를 찾아왔습니다. 노 변호사는 소박한 그의 꿈대로 돈 잘 버는 변호사가 되었던 것이지요.

　1981년 어느 날이었습니다. 잘 알고 지내던 이흥록 변호사가 연락을 해서 부탁했습니다.

　"노 변호사께서 이 사건을 좀 맡아 주세요."

이 사건이란 '부림 사건'이라 불리던 사건이었습니다. 당시는 군인들이 나라의 정권을 휘어잡고 있던 시절이라 조금이라도 반대의 목소리를 내면 모두 누명을 씌워 처벌하곤 했습니다. '부림 사건'도 이런 일 중 하나로 독서연구회 회원들을 사상이 나쁘다며 구속한 사건입니다. 원래 유명한 전문 변호사가 있었으나, 그가 사건을 맡을 수 없는 상황이 되자 노 변호사에게까지 부탁한 것이었습니다.

사실 노 변호사는 그 사건의 내용이나 성격을 정확히 알고 있지 못했습니다. 그런데도 그가 선뜻 변론을 맡은 것은 무엇이든 두려워하거나 피하지 않겠다는 노 변호사 특유의 배짱 때문이었습니다.

막상 사건을 맡고 그 내용을 파악하자 너무나 터무니없는 사건이라는 데 깜짝 놀랐습니다. 1979년에 일어난 부림 사건이란 이흥록 변호사가 만든 '좋은 책 읽기 모임'의 회원들 대부분이 경찰에 잡혀간 사건을 말합니다. 그 모임에서 읽은 책은 나쁜 사상을 다룬 것들이 아니라 《전환 시대의 논리》《난장이가 쏘아 올린 작은 공》《우상과 이성》같은 평범한 책들이었지요. 그런데 회원

의 돌잔치에 모인 몇몇 사람이 정부의 정책을 비판한 대수롭지 않은 말이 정권을 뒤엎으려는 행위로 둔갑했고, 탁구 치며 한 얘기, 여름철 계곡에 놀러 가서 한 이야기들, 찻집에서 나눈 사적인 이야기까지 모두 문제를 삼았습니다.

노 변호사는 자신이 나라가 어떻게 돌아가고 있는지 전혀 몰랐다는 것에 참을 수 없는 부끄러움을 느꼈습니다. 교도소에 붙잡혀 들어간 한 대학생을 만났을 때에는 분노까지 느꼈습니다. 그 대학생은 57일간이나 경찰에 붙잡혀 있으면서 조사라는 이름 아래 매를 맞고 온갖 고문을 당해 왔던 것입니다.

더욱 놀라운 사실은 그의 가족들이 그가 어디에 있는지 전혀 모르고 있었다는 것입니다. 그의 어머니는 아들이 행방불명되자 아들을 찾아 실성한 사람처럼 온 부산 시내를 헤매고 다녔다고 합니다.

경찰이 집으로 연락을 하지 않았던 이유는 고문 때문에 대학생의 온몸에 끔찍하게 많은 상처와 시퍼런 멍 자국이 남아 있었기 때문이었습니다. 대학생은 얼마나 고문을 당했는지 처음엔 변호사의 말조차 믿으려 하지 않았습니다. 그저 공포에 질린 눈으로

눈치를 살피는 모양새가 사냥꾼에게 잡힌 처량한 짐승의 모습과 같았습니다.

'세상에 어떻게 이런 일이…….'

처참한 모습을 본 노 변호사는 눈앞이 캄캄해졌고 그동안 사회적 현실을 너무도 모르고 살아온 자신이 한심하다는 생각을 했습니다.

그날 그는 집에도 들어가지 않은 채 사무실에서 밤을 새우며 변론을 준비했고, 흥분된 목소리로 아내에게 전화를 했습니다.

"여보, 나 오늘 집에 못 들어가. 끔찍하다. 우리 아들도 머지않아 대학에 가는데, 이런 사회는 안 된다."

그는 사실을 파악해 들어갈수록 걷잡을 수 없는 분노 때문에 피가 거꾸로 솟는 듯했습니다.

'정말 이것만은 세상에 꼭 폭로해야겠다.'

이렇게 마음을 다진 노 변호사는 철저하게 변론 준비를 하기 시작했습니다. 그리고 이 사건이 누명을 씌운 사건임을 밝히기 위해 그가 할 수 있는 모든 노력을 다 기울였습니다.

노 변호사는 법정에서 무수한 매질과 고문에 대해서 따져 물었

2장 사람을 생각하는 변호사

고 방청석은 울음바다가 되었습니다. 판사는 벌레 씹은 표정으로 안절부절못했고 검사는 얼굴이 뻘게졌으며 법정의 분위기는 점점 험악해졌습니다.

　노 변호사는 앞날이 걱정되기는 했지만 워낙 흥분된 상태라서 앞뒤 생각은 하지 않고 사건을 낱낱이 폭로했습니다. 검사가 조금이라도 피고인을 몰아붙이기라도 하면 즉시 항의를 했고 삿대질까지 해 가며 팽팽하게 맞섰습니다.

　그러나 당시의 재판정은 그 학생들에게 징역 5년에서 7년까지 터무니없는 중형을 선고하고 말았습니다. 재판에서는 결국 지고 말았지만 '부림 사건'은 노 변호사가 민주화 운동에 뛰어들게 된 결정적인 계기가 되었습니다.

 ## 억울한 사람들을 위해

　사회의 모순에 눈을 뜨게 된 노 변호사는 잠시 누렸던 변호사로서의 편안한 삶을 뒤로 하고 억울하게 고통받는 사람들을 위한 가시밭길을 걷기 시작했습니다. 노 변호사는 노동자들의 사정과 빈부 격차의 모순 같은 문제를 이해하려고 노력했습니다.

　노 변호사는 대학생들과 토론도 하며 차츰 민주 투사로 변신해 갔습니다. 그는 변호사가 아닌 민중적 삶을 살겠다면서 승용차를 놔두고 버스를 타고 다녔고 사무실 앞에서 돼지국밥을 먹었습니다.

　노 변호사는 주로 산업 재해와 관련한 소송을 많이 맡았습니

다. 소송 의뢰인 중에는 주로 기계에 손을 잘린 노동자가 많았습니다. 신체의 일부가 영원히 달아나고, 그래서 실직을 당했을 뿐만 아니라 재취업도 어려워 살길이 막막해진 노동자들…….

노 변호사는 그들 앞에서 일당이 얼마이고 본인 과실이 몇 퍼센트이니 얼마를 주어야 하는지 따위의 계산이 어쩐지 냉혹하다는 생각이 들었습니다. 법원에서 행하는 계산법은 노동자들의 감정으로는 도저히 받아들일 수 없는 것이었습니다. 그나마 증인이 있어야만 보상을 받을 수가 있는데, 그것도 쉽지가 않았습니다.

증인은 보통 그 회사의 동료 직원일 수밖에 없는데, 회사 눈치를 보느라 증언을 하려 하지 않거나 법정에 나오더라도 제대로 증언을 하지 못했습니다. 방청석에 앉아 있는 윗사람의 눈치를 살피다가 증언을 회피하거나 거짓말을 하기 일쑤였지요.

하루는 증인이 나왔는데 말을 잘 알아듣지 못했습니다. 자꾸 물으니까 증인은 큰소리로 얘기해 달라고 했습니다. 자기는 워낙 시끄러운 공장에서 일하기 때문에 귀가 잘 안 들린다고 했습니다. 그렇게 얘기하는 증인은 별로 대수롭지도 않다는 표정이었고 판사는 증인이 말을 잘 알아듣지 못한다고 짜증을 내고 있었습니다.

노 변호사는 자기 앞에서 벌어지는 참으로 기가 막히는 현실을 보고 눈물을 흘릴 수밖에 없었습니다. 증언을 하러 나선 자신이 바로 산재 피해자인데 본인은 전혀 의식도 못하고 있었고, 이 부조리(이치나 도리에 맞지 않음)를 바로잡아야 할 판사는 못 알아듣는다고 짜증만 내고 있는 현실이 믿기지 않았던 것입니다.

여러 가지 사건을 맡으면서 노무현 변호사는 어렸을 때 그가 그랬던 것처럼, 불의에 대해 참지 않기로 했습니다. 국민의 주권을 회복하기 위한 각종 모임에 중요한 역할을 맡으며 참여했고, 불의를 보면 직접 거리로 뛰쳐나와 시위를 했습니다.

1987년 2월엔 고문을 받다가 숨진 서울대생 박종철 군의 추도 집회를 주도하다 최루탄을 뒤집어쓰고 경찰서로 끌려가기도 했습니다. 이 사건이 1987년 '대통령 직선제(국민들이 직접 투표로 대통령을 뽑는 제도)'를 이끌어낸 6·10항쟁으로 이어지면서 노무현의 이름은 전국적으로 알려졌습니다.

2장 사람을 생각하는 변호사 **61**

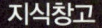

변호사가 되려면 어떻게 해야 할까요?

노무현 대통령은 젊은 시절에 인권변호사로도 이름을 널리 알렸답니다. 그렇다면 변호사가 되려면 어떻게 해야 할까요?

이전까지 변호사가 되려면 사법시험에 합격을 한 다음 사법연수원에서 2년간 연수를 받아야 자격증이 생겼습니다. 우리나라는 법치국가입니다. 누군가 마음대로 나라를 좌우할 수 있는 것이 아니라 법이라는 제도에 의해서 나라가 다스려지는 나라를 말합니다. 때문에 판사, 검사와 함께 법을 다루는 직업인 변호사는 뛰어난 도덕성과 함께 법에 대한 이해도가 높아야 합니다. 사법시험은 합격하기가 하늘의 별 따기라고 합니다. 대한민국 국민이라면 누구나 사법시험에 응시할 자격이 있고 나이에 제한도 없습니다. 그래서 쉰 살이 넘으신 어른도 응시를 해서 합격하기도 합니다.

그런데 지금 이 책을 보는 어린이 여러분은 새로운 제도에 의해 변호사가 되어야 합니다. 법학전문대학원이 생기면서 2017년에 사법시험이 없어지기 때문이죠. 앞으로 변호사가 되려면 3년 과정의 법학전문대학원을 졸업한 후 변호사시험에 합격해야 합니다.

법학전문대학을 로스쿨이라고 부르는데, 로스쿨에 입학하려면 대학졸업자격증, 공인영어성적, 법학적성시험성적, 사회봉사활동 등의 자격이 필요합니다.

현재 전국에는 25개 로스쿨이 있고, 각 대학마다 특성이 다릅니다. 사회가 복잡해 짐에 따라 변호사도 전문성이 생겼기 때문에 이렇게 각 대학마다 특성을 둔 것이지요. 노무현 대통령처럼 인권 문제를 전문으로 다루는 변호사가 있고, 이 외에도 저작권 전문 변호사, 조세(세금) 전문 변호사, 형사 사건 전문 변호사 등이 있습니다. 특허만 전문으로 다루는 사람을 변리사라고 하는데 변호사 자격이 있으면 등록 후 변리사로 활동할 수도 있습니다.

변호사는 법을 대변하는 직업이니 만큼 이전에 법을 어겼던 기록이 있다면 자격을 박탈당할 수도 있으니 특별히 도덕적으로 살겠다는 각오를 해야 합니다.

3장 바보 정치인, 노무현

 거리의 변호사

　노 변호사는 자신의 사무실에 노동법률 상담소를 열고 민주항쟁에 앞장섰습니다. 그 무렵 거제도에서는 대우조선에서 노동자들이 처우 개선을 요구하는 시위를 일으켰습니다. 시위는 격렬했고 경찰은 강경하게 진압에 나섰습니다.
　그런데 시위 도중 불행한 사건이 생기고 말았습니다. 대우조선 노동자 이석규 씨가 경찰이 쏜 최루탄에 맞아 사망한 것입니다.
　노 변호사는 이석규 씨의 사망 원인을 밝히려고 거제도로 달려갔습니다. 그런데 경찰은 제삼자가 개입하는 것은 불법이라며 노 변호사를 감옥에 가두었습니다.

"이런 법이 어디 있소? 나는 변호사로서 이식규 씨의 사망 원인을 알아보려고 온 것이란 말이오."

노 변호사는 거칠게 항의를 했습니다.

"아무리 변호사라도 법을 어기면 죄인이란 것을 모르오? 변호사라도 아무 사건이나 끼어드는 것이 아니오."

경찰은 오히려 큰소리를 치며 눈을 부라렸습니다. 그렇게 해서 노 변호사는 난생처음 감옥에 갇히게 되었습니다. 그는 답답하고 분했습니다. 그리고 감옥 안에서 이렇게 결심했습니다.

'지은 죄도 없는 사람을 이렇게 잡아 가두는 나라는 분명 문제가 있다. 나는 밖에 나가게 되면 정말 이 나라의 민주주의를 위해서 목숨을 걸고 싸울 것이다.'

노 변호사는 23일 만에 감옥에서 풀려났습니다. 하지만 변호사 업무가 정지되어 더는 변호사 활동을 하지 못하게 되었습니다.

그때부터 노 변호사는 거리의 변호사가 되어 민주화 대열 속에 휩쓸려 사람들과 함께 행진을 하곤 했습니다.

해가 바뀌어 1988년이 되었습니다. 그해는 전 세계인이 모여서 치르는 스포츠 잔치인 '88 서울올림픽'이 열리는 뜻 깊은 해

였습니다.

노 변호사는 민주화가 죽고 독재가 판을 치는 나라에서 올림픽을 제대로 치를 수 있을지 무척 걱정이 되었어요.

'나라가 이 모양인데 올림픽을 잘 치를 수 있을지 모르겠구나.'

그때 통일민주당 총재이던 김영삼 씨가 그를 초청했습니다. 평소 돈키호테 같은 노 변호사의 용기를 눈여겨보고 있다가 부른 것이었습니다. 노 변호사는 서울로 올라와서 김 총재를 만났습니다.

김 총재는 노 변호사가 부산에서 고등학교를 다닐 무렵부터 무척 존경하는 정치인이었습니다. 그는 20대에 최연소 국회의원이 된 사람으로 부산 지역 사람들에게는 신화처럼 여겨지는 대단한 정치가였지요. 특히 그는 군사 독재 세력과 맞서 싸우는 민주 투사로 이름을 날리며 야당 지도자로 우뚝 선 특별한 존재였습니다.

평소 존경하던 정치가가 부르니, 노 변호사는 무척 영광스러웠습니다.

김 총재는 얼굴 가득 온화한 미소를 지으며 노 변호사를 반갑게 맞이했습니다.

"노 변호사의 활약이 눈부시다고 들었소. 거리의 변호사로 뛰어다니는 것보다 국회로 들어와서 나라의 민주화를 위해서 일하는 것이 어떻겠소?"

처음 그 말을 들은 노 변호사는 그게 무엇을 뜻하는지 잘 몰라서 얼떨떨했습니다.

"저는 정치에 대해서는 아무것도 모릅니다. 지금 하는 변호사 일도 벅찬 걸요."

노 변호사는 한참 만에 그렇게 대답할 수 있었습니다. 하지만 김 총재는 다시 한 번 그를 타일렀습니다.

"그건 그렇지가 않아요. 노 변호사 정도의 열의와 능력을 가지고 있는 사람이 정치를 해야 하오. 나를 좀 도와주시오."

김 총재는 노 변호사에게 부산 지역에서 국회의원 후보로 나서라고 제의하는 것이었습니다. 마침 그때는 제13대 국회의원 선거를 앞두고 있을 때였습니다.

노 변호사는 전혀 생각지도 못한 제의를 받고 잠시 망설였습니다. 그러나 이내 그 제의를 받아들이기로 결심했습니다. 변호사 자격이 정지된 후 민주화 투쟁을 하는 데 한계를 느끼고 있을 때

였기 때문입니다.

'그래, 국회의원이 되어 이 세상에서 억울하게 짓눌리고 이용당하는 사람들을 위해 일해 보자.'

노 변호사는 그런 생각으로 제의를 받아들였습니다.

1988년 4월, 그는 부산 동구에서 통일민주당 국회의원 후보로 나섰습니다. 상대 후보는 당시 여당(현재 집권을 하고 있는 당)인 민정당에서 실세 중의 실세로 손꼽히는 허삼수 씨였습니다.

김영삼 총재는 노 변호사를 지원하기 위해 직접 부산으로 내려와 유권자들을 모아 놓고 이렇게 연설했습니다.

"허삼수 후보는 반란을 일으킨 군인입니다. 반란의 총잡이입니다. 총잡이는 국회로 보낼 것이 아니라 감옥으로 보내야 합니다."

그러자 부산 시민들은 열렬히 환호했습니다. 시민들은 노 후보를 지지하는 표를 몰아줌으로써 군사독재 세력의 실제 세력인 허 후보를 보기 좋게 쓰러뜨렸습니다.

드디어 변호사 노무현이 제13대 국회의원에 당선된 것입니다. 이때부터 그는 국회의원 노무현, 정치인 노무현이 되었습니다.

국회의원 노무현은 금배지를 달고 여의도 국회의사당에 첫 출근을 했습니다. 갑자기 뒤바뀐 자신의 신분에 얼떨떨한 기분이었지만 자신의 일을 찾아서 열심히 몰두했어요.

그는 국회 첫 대정부 질문에서 참담한 노동 현실을 고발했습니다.

"국무위원 여러분, 아직도 경제 발전을 위해서, 케이크의 크기를 더 크게 하기 위해서, 노동자의 희생이 계속되어야 한다고 생각하십니까?"

그러자 국민들로부터 수없이 많은 격려의 전화가 걸려 왔습니다. 노 의원은 훗날 대통령이 된 후에도 그때의 신선한 기분과 흥분을 잊지 못했습니다.

 ## 절대 굽히지 않는 소신

　우리나라가 '88 서울올림픽'을 성대하게 치르고, 노 의원이 국회의원이 된 그해 11월이었습니다. 그때 국회에서는 군사 쿠데타로 정권을 잡았던 제5공화국 비리에 대한 청문회가 열렸습니다. 청문회는 주요 사건에 대해 국회의원이 증인을 데려다 놓고 공개적으로 질문을 하는 절차입니다.

　그런데 청문회를 시작하기도 전에 우스꽝스러운 일이 벌어지고 있었습니다. 증인으로 나온 사람들은 모두 쟁쟁한 사람들이었기 때문이지요. 장세동 전 안기부장, 안현태 전 청와대 경호실장, 정주영 현대그룹 회장 등 모두 당시 최고의 권력을 누리고 있는

사람들이었습니다. 어떤 국회의원은 당시 우리나라 최고의 부자였던 정주영 씨에게 문을 열어 줘 가며 굽실거리기도 했습니다.

그 장면이 텔레비전으로 생중계되자, 국민들은 분통을 터뜨렸습니다.

"저 바보 같은 국회의원 놈들!"

더구나 청문회가 열리자 갖은 비리를 저질렀던 증인들은 아무 죄도 지은 적이 없다는 듯 뻔뻔하게 나오고, 국회의원들도 증인들에게 쩔쩔 맸습니다.

국민들은 민주주의와 인권을 짓밟고 권력을 휘두른 자들, 그 권력에 빌붙어서 돈을 번 자들, 그 못된 인간들이 혼쭐나는 장면을 구경하며 한풀이를 하고 싶었는데, 그런 장면을 보자 실망만 커졌습니다. 급기야 청문회를 보다가 텔레비전을 끄는 사람들도 생겨났지요.

그런데 그 자리에서 이제 막 국회의원 배지를 단 햇병아리 국회의원이 아주 눈에 띄는 말을 했습니다. 그는 논리 정연하고 핵심을 찌르는 질문으로 증인들을 몰아세워 꼼짝 못하게 만들었습니다. 그 자리에 있던 국회의원들이나 증인들은 물론 텔레비전을

지켜보던 국민들 모두 깜짝 놀랐습니다.
"아니, 저 사람이 누구야? 못 보던 국회의원인데……."
그 사람은 바로 국회의원이 된 지 몇 달밖에 안 되는 노무현 의원이었습니다. 노 의원은 거침없이 증인들을 몰아세웠습니다. 국민의 가슴속을 시원하게 만들어 줄 해결사가 나타난 것입니다. 노 의원은 우리나라 최고의 부자가 나왔어도 하나도 기가 죽지 않고 끝까지 추궁해서 사과를 받아냈습니다.

74

텔레비전을 보던 국민들이 탄성을 터뜨렸습니다.

"와, 잘한다! 정말 속이 다 시원하다."

노 의원은 그렇게 해서 국민들에게 강한 인상을 남기며 '청문회 스타'가 되었습니다.

국민들에게 정치인 노무현의 인상을 완전하게 심어 준 것은 제5공화국의 대통령이었던 전두환 전 대통령이 나온 날이었습니다. 그는 군사 쿠데타로 정권을 잡은 제5공화국의 우두머리였죠.

전두환 전 대통령이 증언대에 선 그날, 그는 자신이 죄가 없다고 주장했습니다.

그러자 노 의원은 이렇게 소리쳤습니다.

"당신이 잘못한 일이 없다고? 당신은 살인마요!"

격분한 노 의원은 불의에 대한 항의 표시로 의원 명패를 바닥에 집어던졌습니다.

그 장면은 전국에 생방송으로 중계되고 있었습니다. 그것을 본 국민들은 신선한 충격 속에서 짜릿하고 강렬한 인상을 받았습니다.

청문회 이후 노무현 의원이 바쁜 나날을 보내고 있을 때, 아주 어이없는 일이 벌어졌습니다. 당시 민주정의당 총재인 노태우 대통령, 신민주공화당 김종필 총재 그리고 통일민주당 김영삼 총재, 이렇게 세 사람이 당을 하나로 합치기로 결정한 것입니다.

노 의원은 너무도 황당해서 '정치란 것이 무엇인지' 잘 이해가 되지 않았습니다. 서로 의견이 완전히 반대인 사람들이 권력을 잡기 위해 하나로 합친 것입니다.

"뭐야? 이건 말도 안 돼! 민주화를 위해 그렇게 투쟁했던 사람이 광주 시민을 그렇게 무자비하게 살해하고 잡아 가둔 군사독재 세력과 손을 잡을 수 있단 말인가?"

노 의원은 김영삼 총재에게 심한 배신감을 느꼈고 그를 '변절자'라고 비난했습니다. 김 총재는 자신을 이끌어서 정치인이 되게 하고 청문회 스타의 길을 걷게 만들어 준 '정치적 아버지'였습니다. 하지만 노 의원은 '역사의식이 없는 사람'을 따를 수 없다고 생각했습니다.

세 당이 하나로 합치는 '3당 합당'에 대한 의견을 구하기 위한 통일민주당의 임시전당대회(당원들이 모두 모여 회의를 하는 것)가

76

열렸습니다.

사회자가 3당 합당에 대해 "이의가 있느냐"고 물었습니다. 대회장에는 많은 당원들이 있었지만 대답을 하는 사람은 아무도 없었습니다.

그때 한 사람이 홀로 일어나 외쳤습니다.

"이의 있습니다!"

그 사람은 노 의원이었습니다. 대회장 안은 물을 끼얹은 듯이 조용했습니다.

"3당 합당은 야권을 분열시키고 군부독재에 면죄부를 주는 정치 야합(좋지 못한 목적으로 어울림)입니다. 나는 결코 이 따위 야합을 용납할 수 없습니다."

성난 표정으로 격렬하게 외친 노 의원은 혼자 일어나서 대회장을 걸어 나왔습니다.

 ## 지역 감정을 없애자

    노무현 의원은 이 나라의 정치를 바로 세우기 위해서는 가장 먼저 지역감정을 없애야 한다고 생각했습니다.

    우리나라에는 언제부터인지 선거철만 되면 경상도, 전라도, 충청도로 나뉘어 자기 지방 출신의 특정 후보에게 표를 몽땅 몰아주는 풍조가 생겼습니다. 어이없게도 그 사람의 됨됨이나 정치적 능력보다 그 사람이 어디 출신이냐, 어느 당의 공천(국회의원으로 추천을 받는 것)을 받았느냐가 더 중요했습니다.

    그래서 지역감정이란 것이 생기게 되었습니다. 경상도 출신인 김영삼 씨와 전라도 출신인 김대중 씨가 막상막하의 라이벌 전을 벌이는 상황도 생겨났지요.

때문에 노 의원은 경상도 출신이지만 전라도 출신의 정치인인 김대중 씨와 손을 잡았습니다.

그는 1992년 14대 국회의원 선거에 다시 출마했습니다. 이번에 그와 경쟁을 벌이는 사람은 지난번 선거에서 이긴 바 있는 허삼수 씨였습니다. 전라도가 기반인 김대중 씨가 총재로 있는 당의 이름으로 선거에 나선 것이라 불안하기는 했지만 소신을 지키고 올바른 정치를 하려는 자신을 꼭 뽑아 줄 것이라고 믿었습니다. 선거 유세 중에 만나는 사람들마다 그를 보고 쫓아와서 악수를 청하고 환호하는 사람들이 많아서 어쩌면 이길 수도 있겠다고 생각하기도 했고요.

하지만 그는 아직도 정치를 잘 모르는 햇병아리에 지나지 않았습니다. 사람들은 청문회 스타로 유명한 노무현을 좋아했지 자기 지역을 위해 일하는 정치인으로 보지는 않았습니다.

4년 전과 같은 지역구이고 맞붙은 상대도 같은 사람이었습니다. 그리고 지원하려고 내려온 사람이 김영삼 씨라는 것도 같았습니다. 그런데 분위기는 180도 달랐습니다. 그것은 김영삼 씨가

3장 바보 정치인, 노무현 79

지원하는 후보가 바뀐 까닭입니다. 김영삼 씨의 부산에서의 영향력은 어마어마했습니다.

민주자유당의 김영삼 총재는 유권자들 앞에서  이렇게 이야기를 했습니다.

"허삼수 씨는 충직한 군인입니다. 허삼수 씨를 뽑아 주시면 제가 중히 쓰겠습니다. 저를 대통령으로 만들어 주기 위해서라도 허삼수 씨를 국회의원으로 뽑아 주십시오."

어떻게 4년 만에 상황이 그렇게 바뀐 것일까요? 감옥으로나 보내야 할 '반란의 총잡이'가 충직한 군인으로 돌변해 있었습니다. 그런데도 유권자들은 김영삼 총재의 말에 환호로 답하는 것이었습니다.

'이렇게 변화무쌍한 곳이 정치판인 줄 알았다면 발을 들여놓지 않았을 것을……'

정말 후회막급이었지요. 결국 똥고집 노무현은 '낙선'이라는 쓰디쓴 선물을 받고 씁쓸하게 웃었습니다.

낙선의 근본적인 원인은 뿌리 깊은 지역감정 때문이었습니다.

'노무현을 밀어 주면 김대중이 대통령 된다. 김영삼을 대통령으로 만들려면 미워도 허삼수를 찍어야 한다. 이번엔 후보를 보고 찍는 게 아니다.'

이것이 부산 사람들의 생각이었습니다. 그래서 선거는 하나마나였습니다. 김영삼 총재가 허삼수 씨의 손을 번쩍 들어주는 순간 이미 결과는 뻔한 것이었죠. 지역주의라는 벽은 너무 높았습니다.

그러나 자신의 신념과 소신을 굽힐 노무현이 아니었습니다. 똥고집 정치인 노무현은 3년 뒤인 1995년, 부산광역시장 선거에 출마했습니다. 부산역 광장 유세에서 그는 지조 없는 정치인들을 비판하면서 이렇게 호소했습니다.

"소신을 굽히지 않는 정치인도 우리 사회에서 성공할 수 있다는 것을 보여 줍시다! 우리 아이들에게 꿈과 희망을 주는 역사를 한번 만들어 보도록 이 노무현을 밀어주세요!"

하지만 결과는 또 낙선이었습니다. 그는 허탈했지만 36.7퍼센트의 득표율을 얻은 것을 가능성으로 알고 다음을 기약했습니다.

'그래, 이것이 가능성이라는 거야. 다음번에는 좀 더 나아질 것 같은데……'

노무현은 희망을 품고서 스스로를 위안했습니다. 그러나 가까운 사람들은 그를 어리석다고 비웃었습니다.

"앞으로 계속 정치를 하려면 현실을 받아들이세요."

그들은 제발 똥고집을 꺾고 소속 정당을 옮기거나 지역구를 옮기라고 충고했습니다.

하지만 그때 그는 이렇게 대답했습니다.

"손해를 본다고 해서 보따리를 싸는 철새 정치인은 될 수 없습니다."

82

 ## 바보 정치인

　부산 시민들이 정치인 노무현의 신념과 소신을 알아주지 않아도 그는 전혀 용기를 잃지 않았습니다. 비록 선거에서 떨어졌지만 당에서는 그를 최연소 최고위원으로 뽑아 주었지요. 당의 최고위원이란 그 정당의 정책을 세우고 집행하는 데 있어 최종적으로 의사결정을 하는 중요한 자리입니다.

　"나이도 어리고 정치적 연륜도 짧은 저를 이렇게 최고위원으로 뽑아 주시니 몸 둘 바를 모르겠습니다. 당을 위해 뼈가 부서지도록 일하겠습니다."

　노 최고위원은 누구보다 열심히 일했기 때문에 당원들 사이에

서 칭찬이 자자했습니다.

　1997년 12월 18일, 당의 총재인 김대중 씨가 대통령에 당선되었습니다. 노무현은 난생처음 집권 여당의 일원이 되었지요. 그리고 그에게는 다시 국회의원이 될 기회가 찾아왔습니다.

　1999년 7월, 정치인 노무현은 종로구 보궐선거에 출마해서 당선됐습니다. 6년 만에 다시 국회의원이 된 것이지요. 보궐선거란 사정 때문에 국회의원 자리가 비면 그 자리를 채우기 위해 치르는 선거입니다.

　그런데 그는 2000년 4월, 자신의 소신을 지키기 위해서 또다시 폭탄선언을 합니다. 그가 16대 국회의원 선거에서 종로가 아닌 부산에 출마하겠다고 한 것입니다.

　"당선 가능성이 높은 종로를 포기하겠단 말이오?"

　동료 의원이 물었습니다.

　"그렇습니다. 저는 지역구를 부산으로 옮겨서 지역주의를 깨뜨리는 데 앞장서겠습니다."

　승부사다운 결정이었지만 모두들 돈키호테 같다고 수군거렸습니다.

"왜 편안한 길을 놔두고 정치적 무덤이 될지도 모르는 부산을 고집하는 것이오?"

선배 의원이 말렸지만 노무현은 고집을 꺾지 않았습니다. 주변 사람들도 그의 도전을 '무모한 도전'이라고 생각하고 안타까워했습니다.

노 의원은 출마 선언 직후 어떤 월간 잡지의 기자와 나눈 인터뷰에서 이렇게 말했어요.

"제가 그 결심을 밝혔더니 다들 미쳤다고 하데요. 그런데 미치지 않고서야 어떻게 지역감정을 깰 수가 있나요? 미쳐야 세상을 조금씩 바꿀 수 있는 것 아닙니까?"

그런 신념으로 노 의원은 다시 부산으로 내려갔습니다. 지역주의와 정면으로 승부해서 그것을 완전히 깨 버리겠다는 결의에 찬 도전이었지요.

그는 '지역주의 극복을 내걸고 성공하는 정치인'의 모델을 만들어 보겠다고 말했습니다.

"나는 돈키호테처럼 현실적 감각이 없는 사람이지만 그래도 결국은 대중적 지지를 받을 수 있다고 굳게 믿습니다. 나는 반드

시 성공하는 모델이 되어 대중과 정치인의 의식을 바꿀 것입니다."

그러나 선거 결과는 참담했습니다. 한나라당 허태열 후보에게 패배한 것입니다. 그가 지역주의라는 벽을 넘는 것은 정말 불가능한 일처럼 보였습니다.

그는 벌써 네 번째 패배를 맛보게 되었습니다. 하지만 이 패배는 훗날 '대통령 노무현'을 있게 한 소중한 패배였습니다.

정치인 노무현에게 '바보 노무현'이란 이름이 따라다니기 시작했습니다. 뻔히 떨어질 줄 알면서도 지역주의를 깨 버리기 위해 거듭 고난의 가시밭길을 걷는 그에게 사람들이 붙여 준 '애칭'입니다. 실패와 좌절을 거듭했지만, 사람들은 그의 순수함을 사랑하기 시작한 것이지요.

"노무현은 도전하는 사람이다. 그는 직설적이고 가끔은 무모한 행동을 하지만 그것은 자신을 위해서라기보다는 대한민국 국민을 위한 것이다."

많은 사람들이 그의 행동을 그렇게 생각하기 시작했습니다. 그

에겐 '바보이기를 자청한 용기', '남들이 꺼리는 길을 고집스럽게 가는 바보' 같은 찬사가 쏟아졌습니다.

국회의원이 되지는 못했지만 그는 전국적으로 유명해지기 시작했습니다. 사실 네 번이나 떨어진 후 노무현은 정치판을 떠나서 다시 변호사의 길을 가야겠다고 생각하던 참이었는데, 전혀 예상하지 못했던 일이 벌어지고 있었던 것이지요.

놀랍게도 사람들은 정치인 노무현을 링컨과 비교하곤 했어요. 어떤 네티즌은 예언자처럼 인터넷에 이런 글을 올려놓기도 했습니다.

"어린 시절에 읽었던 링컨 대통령의 생애와 바보 노무현의 생애가 너무나도 비슷합니다. 가난한 집에서 태어나 독학으로 사법 시험에 합격해서 변호사가 되고, 변호사를 그만둔 후 정치인이 되었지만 선거마다 낙선을 한 것 등이 말이죠. 그러나 모든 고난을 헤치고 링컨이 대통령이 되었듯이 어쩌면 바보 노무현도 마지막에는 대통령이 되지 않을까요?"

훗날 정말 신기하게도 그의 말이 맞아떨어졌습니다. 링컨과 노무현의 삶이 판박이처럼 닮아 간 것입니다.

그런 상황 변화를 느낀 노무현은 생각했습니다.

'그래, 정말 내가 바보인지 모르겠지만 철저하게 바보가 되어 보자.'

2000년 4월 15일, 노무현 홈페이지 자유게시판에 '늙은 여우'라는 아이디의 한 네티즌이 '노무현 팬클럽' 결성을 제안했습니다. 그러자 많은 네티즌들이 이에 찬성하고 자발적으로 회원 가입을 하기 시작했습니다. 이것이 '노무현을 사랑하는 사람들의 모임', 줄여서 '노사모'의 시초인 셈이죠.

회원 수는 며칠 사이에 깜짝 놀랄 정도로 불어나기 시작했습니다. 감당할 수 없을 정도로 회원이 늘자, 같은 해 5월 7일 대전에서 각 지역 노사모 회원들이 모여 팬클럽 창단에 관한 협의를 하기에 이르렀습니다.

이 모임에서 노사모의 공식 명칭을 정하고 전국을 6개(수도권, 충청, 호남, 영남, 강원, 제주) 구역으로 나누어 지역별 모임도 갖게 되었습니다.

그리고 드디어 5월 17일, 노사모 공식 홈페이지를 오픈했습니

다. 누가 시킨 것도 아닌데 정치인 노무현의 '무모한 도전'에 감동한 지지자들이 스스로 모여서 '노사모'를 만들어 낸 것입니다.

노사모는 정치인을 위해 대중이 자발적으로 모여서 만든 세계 최초의 온라인 팬클럽이 되었습니다. 그리고 그것은 당시 불붙기 시작한 인터넷 열풍을 타고 지역주의에 지친 대중의 마음속으로 파고들었지요.

노사모 회원들은 곧바로 노무현의 열렬한 지지자가 되었습니다. 그리고 그가 내건 '지역주의 타파'와 '반칙과 특권 없는 세상'이란 구호를 적극적으로 지지했습니다.

훗날 노사모는 돈, 조직, 계보도 없는 '3무 정치인' 노무현을 21세기 첫 대한민국 대통령으로 만드는 데 큰 기여를 했습니다.

 국회의원이 되려면 어떻게 해야 할까요?

　국회의원은 국민을 대표하여 새로운 법을 만드는 '입법' 활동이 가장 주가 되는 직업입니다. 직업이라기보다는 국민을 위해 국민의 목소리를 대신 내주는 봉사를 하는 자리라고 보는 것이 더욱 알맞은 해석입니다.

　국회의원은 국민의 대표이기 때문에 특별한 시험이 있는 것이 아니라 국민이 선거를 통해 뽑아주면 그 순간부터 국회의원이 됩니다. 국회의원은 선거일에 25세가 넘은 사람이면 누구나 후보로 등록할 수 있습니다. 다만, 이전에 선거에 대한 법을 어겼거나, 직무를 이용해서 뇌물을 받았거나 하는 죄를 지은 적이 있는 사람은 후보로 등록할 자격이 없습니다.

　국회의원은 임기는 4년이며 대통령과는 달리 계속 후보로 등록할 수 있습니다. 그래서 몇 십 년 동안이라도 국민이 뽑아주기만 한다면 국회의원이 될 수 있습니다.

현재 우리나라의 국회의원 수는 300명입니다.

국회의원 선거를 할 때 후보는 1500만 원을 기탁금으로 등록해야 합니다. 기탁금을 등록하는 이유는 무분별하게 아무나 후보로 등록하는 것을 막고, 선거를 위한 자금을 확보하기 위해서입니다.

기탁금은 15퍼센트 이상 득표를 하면 전액 반환되고 10퍼센트 이상 15퍼센트 미만을 득표하면 기탁금의 반만 돌려줍니다. 역시 무분별하게 후보가 등록하는 것을 막기 위한 장치입니다.

국회의원을 이런 제도에 의한 자격보다 국민을 위해 일할 품성과 능력을 갖추고 있는가가 더욱 중요한 자격 조건이 될 것입니다.

국회의원이 되면 헌법과 법률의 개정, 정부의 예산안 심의라는 아주 중요한 일을 하게 됩니다.

대부분의 국회의원들은 같은 뜻을 가진 사람들의 모임인 '당'에 소속되는데 당이 어떤 성격을 가지고 있으냐에 따라 진보주의당과 보수주의당으로 구별됩니다. 일반적으로 개혁과 변화를 요구하는 쪽을 진보라고 하고 전통과 안정을 지키려고 하는 쪽을 보수라고 합니다. 국회의원이 되려면 자신이 어떤 생각을 갖고 있는지도 곰곰이 생각해 봐야 합니다.

4장

약자를 위한 대통령

대통령 후보가 되다

　노무현은 국회의원 선거에서 세 번이나 떨어지고 부산광역시장 선거에서도 떨어졌습니다. 그때까지 정치인 노무현은 국회의원도 그 무엇도 아니었습니다. 그런 그가 정권을 쥐고 있는 여당의 대통령 후보에 나섰습니다.
　어떻게 국회의원 선거에서도 번번이 떨어지는 사람을 대통령 후보로 내세울 생각을 한 것일까요?
　어떻게 보면 그 이유는 간단했습니다. 정치인 노무현이 원칙대로 정치를 하는 사람이고 절대로 반칙을 하지 않는다는 사실을 알았던 것이지요. 무엇보다 지역 갈등을 없애기 위해서 헌신적으로 노력하고 있다는 점을 높이 산 까닭입니다. 말하자면 그는 소인배들이 하는 그런 일을 철저히 거부한 덕분에 대통령 후보를 뽑는 대회인 '경선'에 나서게 되었습니다.

당시 노 후보가 몸담고 있던 새천년민주당은 대통령 후보를 국민이 뽑는 국민 경선제를 우리나라 최초로 채택했습니다. 좀 더 구체적으로 말하면, 전국 16개 시도를 돌면서 당원(50퍼센트)들과 국민(50퍼센트)들이 직접 투표하는 방식이었습니다. 이 경선에는 노 후보를 포함한 7명의 후보가 출마하여 승부를 겨뤘습니다.

2002년 3월, 경선은 제주도에서부터 시작되었고, 노 후보는 그 지역에서 3위를 했습니다. 그리고 두 번째 지역인 울산에서는 부산 출신의 노 후보가 가볍게 1위를 했습니다. 세 번째 경선지는 광주였습니다. 그런데 예상치 않은 '노무현 바람'이 광주에 불기 시작하면서 노 후보는 당당히 1위를 거머쥐었습니다.

솔직히 부산 출신인 노무현이 광주에서 1위를 하리라고는 아무도 상상하지 않았습니다. 이날의 1위는 지역감정을 없애고 정정당당한 정치를 하자는 그의 정치 철학이 광주 시민들의 마음을 움직였기 때문에 가능한 것이었어요.

노 후보는 기쁨에 넘치는 목소리로 연단에 서서 외쳤습니다.

"지금 이 노무현의 승리는 저만의 승리가 아니라 광주의 승리, 민주당의 승리, 한국 민주주의 승리로 이어질 수 있게 하겠습니다!"

그 후 그는 전라도 사람들의 압도적인 지지를 받는 경상도 출신 후보가 되었습니다.

노무현 바람이 불자 1위를 달리던 이인제 후보 진영은 무척 당황했습니다. 다급해진 그들은 노 후보의 장인이 한국전쟁 당시 공산주의자로 붙잡힌 것을 문제 삼고 나섰습니다. 공산주의자를 장인으로 둔 사람이 어떻게 공산주의가 법으로 금지되어 있는 대한민국의 대통령이 될 수 있느냐는 것이었죠. 그러자 장내가 술렁거리기 시작했습니다.

하지만 노 후보는 이렇게 하소연했습니다.

"제 장인은 좌익 활동을 하다 돌아가셨습니다. 그 문제 때문에 평생 가슴에 한을 묻어온 아내가 또 아버지 일로 눈물을 흘려야 합니까? 이런 아내를 제가 버려야 합니까? 대통령이 되겠다고 사랑하는 부인을 버리란 말입니까? 그렇게 하면 대통령 자격이

있고 아내를 그대로 사랑하면 대통령 자격이 없다는 것입니까? 여러분, 이 자리에서 여러분들이 심판해 주십시오."

그의 애절한 이 한마디는 오히려 국민들의 가슴을 뭉클하게 만들었습니다. 상황은 다시 바뀌었고, 그의 인기는 날로 높아져만 갔습니다.

노 후보는 경선장마다 아내를 데리고 다니며 두 사람 사이의 변함없는 사랑을 과시했습니다. 그리고 경선의 열기가 더해 갈수록 노 후보의 인기는 더욱 올라갔습니다.

2002년 4월 26일, 마지막 경선지인 서울에서 노 후보는 새천년민주당의 제16대 대통령 선거 후보임이 공식화되었습니다.

 ## 국민의 대통령 후보

　노무현 후보가 여당의 대통령 후보가 되었다고 모든 것이 다 이루어진 것은 아니었습니다. 그는 여론 조사에서 야당의 강력한 후보인 이회창 씨에게 한참이나 밀리고 있었습니다.

　또 월드컵 바람을 타고 정몽준 후보가 거센 돌풍을 일으키기 시작했습니다. 그는 대한축구협회 회장으로서 월드컵 '4강 신화'를 만들어 낸 영웅이었던 것입니다.

　노 후보는 여론 조사에서 자꾸 밀리기 시작했습니다. 그러자 당 내에서 노무현을 반대하는 세력이 후보 교체를 요구하며 끊임없이 그를 흔들어 댔습니다.

그는 상대 후보들에 비해 이름도 덜 알려져 있고 대통령 선거를 치를 돈도 별로 없었습니다. 아무리 열심히 전국을 돌아다니며 연설을 해도 노 후보의 지지율은 별로 올라가지 않았습니다.

노 후보는 고향인 부산에서 이제는 자신을 지지해 줄 것을 호소했습니다.

"사자는 새끼를 벼랑에 떨어뜨려 살아 돌아온 놈만 키운다는데, 이 노무현은 부산에서 세 번 떨어졌지만 이제 대통령 후보가 되어 돌아왔으니 확실히 밀어 주십시오."

노 후보는 유세 중에 낭만을 즐기기도 했습니다. 문화예술인들을 만나 선물 받은 기타를 치면서 노래를 불렀던 것이죠. 노 후보는 직접 기타 반주를 하며 즐겨 부르던 '상록수'를 노래했습니다.

> 저 들에 푸르른 솔잎을 보라.
> 돌보는 사람도 하나 없는데
> 비바람 맞고 눈보라 쳐도
> 온 누리 끝까지 맘껏 푸르다.

누군가 아무리 노 후보를 흔들지언정 노 후보는 흔들리지 않았습니다. 오히려 담담하게 믿음으로 헤쳐 나가려고 애썼습니다.

선거가 막바지에 이르자 노 후보의 든든한 지원군인 노사모가 움직이기 시작했습니다.

노사모 회원들은 노란 풍선, 노란 목도리를 앞세우고 '희망 돼지 저금통' 운동을 벌였습니다. 노무현을 사랑하는 사람들 중 몇 명이 아주 적은 돈이지만 후원을 하기 위해 나선 것이지요.

시작은 미약했지만 끝은 창대할 것이란 믿음이 있어서일까요? 점점 많은 사람들이 이 운동에 동참하기 시작했습니다. 심지어 어린아이까지 이 일에 동참했는데, 이는 모두가 깜짝 놀랄 일이었습니다. 대한민국 역사상 처음 있는 일이었지요.

선거 운동 기간 동안 '희망 돼지 저금통'에는 60억 원 이상의 국민 성금이 모였습니다. 그것은 우직스러운

원칙 정치를 펼쳐 나간 '바보 노무현'의 승리였습니다. 그 돈은 선거 자금이 부족하던 노 후보에게 가뭄 끝에 내리는 단비와도 같은 것이었어요.

이렇듯 '희망 돼지 저금통'이라는 최고의 히트 상품을 만들어 낸 노사모 회원들의 열광적 지지는 열세였던 노 후보 진영에 활기를 불어 넣었습니다.

이 덕분에 용기를 얻은 노 후보는 이렇게 말했습니다.

"국민들에게 진 빚을 꼭 갚겠습니다. 나는 여러분의 소망을 알고 있습니다."

이미 그는 원칙의 정치인, 도덕성의 정치인 그리고 정치를 바꿀 정치인으로 국민들의 머릿속에 새겨져 있었습니다.

선거 전, 노무현 후보는 극적으로 정몽준 후보와 후보 단일화를 이루어 냈습니다. 그렇게 해서 이회창 후보와 노무현 후보 두 사람 간의 대결로 이어지는 듯했고, 한 치 앞을 내다볼 수 없는 접전은 계속되었지요.

그런데 또 한 번의 위기가 찾아왔습니다. 선거 운동 마지막 날, 정몽준 후보가 노무현 후보를 지지하지 않겠다고 선언한 것입니

다. 결국 선거의 결과는 정말 아무도 예측할 수 없게 되었습니다.

그러나 국민들은 노무현 후보의 편이었습니다. 위기가 닥치자 모두 나서서 투표를 했습니다. 2002년 12월 19일, 16대 대통령 선거에서 노무현 후보는 최후의 승자가 됐습니다.

당선이 확정된 그날 밤, 노무현 대통령 당선자는 "대화와 타협의 새로운 시대를 열어 나가겠다"면서 '노무현 시대'의 개막을 선언했습니다.

'노사모'와 '희망 돼지 저금통', 그것은 분명 '바보 노무현'이 만들어 낸 정치 혁명이었습니다. 노무현의 당선은 새로운 정치를 바라는 국민의 뜨거운 소망이 이루어 낸 통쾌한 국민의 승리였지요.

어떤 대학의 교수님은 "학벌 사회, 지역주의에 타협하는 대신 '바보' 노선을 고집하며 마침내 대통령에 선출된 것 자체가 우리 현대사의 살아 있는 신화"라고도 말했습니다.

 ## 취임과 함께 찾아온 위기

드디어 신념과 소신의 정치인 노무현이 대한민국 제16대 대통령이 되었습니다.

가난한 농사꾼의 아들로 태어나서 가난을 부끄러워하며 자랐고, 가난 때문에 고등학교밖에 못 나왔으며, 가난을 뿌리치기 위해 독학으로 사법고시를 통과하여 변호사가 되었습니다. 그리고 가난한 노동자를 대변하는 인권 변호사를 하다가 대통령이 되었지요. 이로써 그는 서민 대중에게 희망의 이름으로 불리게 됩니다.

그는 대통령 취임사를 하던 날, 이렇게 이야기했습니다.

"나는 앞으로 원칙을 바로 세워 신뢰가 뿌리 내리는 사회를 만들겠습니다. 정정당당하게 노력하는 사람이 성공하는 사회를 만들겠습니다. 열심히 노력해도 가난을 벗어나지 못하는 억울한 사람들이 없는 사회를 만들겠습니다."

이 말을 듣자 국민들은 숙연한 마음이 들었고 새로운 서민 대통령이 누구나 잘사는 사회를 만들어 주기를 기원했습니다.

그 후 대통령은 우리 사회가 지금까지 경험하지 못한 변화를 추진하기 시작했습니다.

노 대통령은 정부의 이름을 '참여정부'로 정했습니다. 그것은 전 국민이 참여할 수 있도록 문이 열려진 정부란 뜻입니다.

대통령은 정부 관리들을 모아 놓고 말했습니다.

"우리 참여정부는 내가 취임사에서 말한 대로 대통령과 국민이 함께하는 민주주의를 지향하고, 더불어 사는 균형 발전 사회, 평화와 번영의 동북아 시대를 열어가기 위한 정책을 펼쳐야 합니다."

그는 스스로 낮은 곳으로 내려와 국민과 함께하는 서민 대통령이 되고자 노력했습니다. 그리고 스스로 그 변화를 주도하며, 그 한복판에 서서 싸웠습니다.

"여당의 총재직을 맡지 않을 것이오."

대통령이 그렇게 말하자 비서진들은 펄쩍 뛰었습니다.

"그러시면 안 됩니다. 대통령께서 스스로 권력을 내놓으시면 안 됩니다."

"아니오. 난 이미 국민들에게 약속을 했소. 국회의원 공천권과 당직 임명권도 당 지도부에 돌려줍시다."

노 대통령은 역대 대통령 가운데 유일하게 '스스로 권력을 포기하는 최고 권력자'를 자청했습니다.

노무현 대통령은 말 그대로 대통령이 되었음에도 싸움을 멈추지 않았습니다. 새로운 정치를 위해 그동안 권력을 지키고 있던 사람들과 대치했습니다.

2003년 3월 20일, 미국이 이라크를 침공하면서 한국을 비롯한 동맹국에 군인을 보내줄 것을 요청해 왔습니다. 그리고 그때 대통령의 지도력이 시험대에 올랐습니다.

대통령은 고민에 빠졌고, 그때 비서진 중 한 사람이 이라크 파병을 강하게 반대하고 나섰습니다. 평소 노 대통령은 미국에 쩔

쩔매지 않겠다고 생각했지만 이 순간만큼은 나라의 이익을 우선하는 정책을 펼치기로 했습니다.

만약 이라크에 군인을 보내지 않는다면 한국과 미국 간에 사이가 상당히 틀어졌을 것입니다. 노 대통령이 자신의 지지 세력이 극렬히 반대하는 한미자유무역협정(미국과 세금 없이 무역을 하는 것)을 밀어붙인 것도 나라의 이익을 생각해 내린 결단이었습니다. 평소 자신의 생각과는 달랐지만 나라의 이익을 최우선으로 생각해야 하는 자리에 있다 보니 어쩔 수 없는 결정이었습니다.

하지만 지지자들은 대통령의 충정을 모르고 대통령이 변했다고 등을 돌렸습니다. 그 과정에서 노 대통령은 일할 재미를 느끼지 못할 때도 있었습니다.

"이러다가 대통령직 못해 먹겠다는 위기감이 든다."

노 대통령은 이렇게 솔직하게 털어 놓기도 했지요. 그랬더니 이 말을 트집 잡고 대통령직에서 물러나라며 언론들이 기사를 내보냈습니다. 노무현 대통령은 너무나 올곧은 성격 탓에 언론과 사이가 좋지 않았습니다.

노 대통령은 줄곧 약자의 편에 서려 했습니다. 그래서 그동안

강자에 위치에 있던 언론이나 정치계가 강하게 반발했습니다.

결국 2004년 3월 12일, 한나라당 등의 다수 야당은 경제 파탄, 측근 비리 등의 이유로 국회의원들이 대통령을 자리에서 물러나게 하는 절차인 '탄핵'을 신청했습니다.

그리고 법원에서 이를 받아들여 노 대통령의 직무 수행이 정지되는 일이 발생했지요. 안타깝게도 그는 헌법이 만들어진 이후 국회에서 탄핵을 당하는 첫 대통령이 됐습니다. 그리고 5월 14일 헌법재판소가 탄핵안이 무효라고 선고할 때까지 63일 동안 직무 정지를 당하는 수모도 겪어야 했습니다.

하지만 국민들은 약자의 편에 서는 대통령을 끝까지 지지했습니다. 탄핵 기간 중 광화문에서는 밤마다 노 대통령을 지지하는 촛불 집회가 열렸습니다. 그는 그때의 심경을 이렇게 털어 놓았습니다.

"한밤중에 청와대 뒷산에 올라가 그 거대한 촛불의 물결을 봤습니다. 두렵다는 생각이 들었습니다. 저렇게 수준 높은 시민을 상대로 정치를 하려면 앞으로 누구라도 쉽지 않을 것이라는 생각이 들었습니다."

108

 ## 탄탄하게 나라를 다지다

노 대통령은 세계적으로 볼 때, 컴퓨터를 자유자재로 쓰는 첫 번째 대통령이었습니다.

대통령은 컴퓨터가 처음 보급되기 시작한 1980년대 중반부터 컴퓨터 시스템과 프로그램에 관심이 많았습니다. 인물 관리 데이터베이스(DB) 프로그램인 '누리더', '노하우'와 같은 시스템을 직접 개발하기도 하면서 컴퓨터 마니아가 되었습니다.

놀라운 것은 그가 대통령이 되고 나서 청와대 업무 관리 시스템인 'e지원' 개발에 직접 나서서 지휘하고 특허청에 출원해 특허까지 받았다는 사실입니다. 노 대통령은 바쁜 와중에서도 상당

한 시간과 공을 들여 이 시스템을 완성했습니다.

　이 시스템은 공무원이 출근함과 동시에 모든 업무를 기록하고 관리하는 시스템입니다. 대통령이 그런 업무 관리 시스템 개발에 몰두하는 건 새삼스러운 일이었지만, 그건 그가 가장 잘할 수 있는 일 중 하나였지요.

　대통령은 일하는 방법을 새롭게 바꾸는 것이 정부를 바꿀 수 있는 기초라고 강조하면서 참모들에게 자신이 개발한 시스템의 효용성을 입증해 보였습니다.

110

e지원 시스템 덕분에 청와대에서는 종이 서류를 없앴습니다. 그리고 대통령의 모든 지시가 e지원을 통해 이루어졌지요. 그렇게 해서 행정관이나 비서관들의 업무가 온라인에서 이뤄지고 대통령을 비롯한 간부들이 추진 중인 업무에 대해 실시간으로 댓글로 지시하고 보완하였습니다. 이로써 절차가 간략해져 업무의 효율성이 상당히 높아지게 되었죠.

이런 시스템을 써 본 사람은 열이면 열 모두 그 성능의 뛰어남에 놀라곤 했습니다. 그리고 이러한 일들은 대통령의 꿈을 실현시키는 것이었습니다.

대통령의 꿈은 바로 시민들이 참여하고 소통할 수 있는 저변을 만들어서 우리나라를 인터넷 강국, 지식정보화 시대의 리더로 자리 잡게 하는 것이었습니다.

노 대통령은 서민에게 희망을 주는 정치를 하려고 무척이나 노력했습니다. 그는 국민 위에서 다스리는 게 아니라 국민 속으로 내려오는 대통령이었습니다. 학교에서 아이들과 어울리면서 자연스럽게 급식을 먹는다거나 갓난아이에게 음식을 줄 듯 말 듯 하

며 장난을 치는 등 그의 서민적인 모습을 여러 번 내보였습니다.

노 대통령은 경제 운용을 할 때에도 고집스럽게 원칙을 지켰습니다. 경제가 어렵다고 해서 부양책을 쓰지는 않았습니다. 부양책은 나라에서 돈을 풀어서 경제를 빨리 돌게 하는 것을 말합니다. 경기를 부양해야 한다는 숱한 압박에도 불구하고 노 대통령은 우리 경제의 체질을 강화하는 원칙을 고집했습니다.

노 대통령의 그러한 고집 덕분에 우리 경제의 체질이 튼튼해지고 투명성이 높아졌다는 점은 누구나 인정할 것입니다.

그는 흔들림 없는 경제 정책을 펼친 끝에 주가 2000포인트, 외환보유고 2500억 달러, 무역 6000억 달러, 국민소득 2만 달러 시대를 열었습니다.

노 대통령의 업적 중 하나는 남북 관계를 잘 이끌었다는 것입니다. 그는 2007년 10월 4일, 평양을 방문해서 김정일 국방위원장과 만나 남북 정상회담을 하는 것으로 임기를 마무리 합니다.

노무현 대통령은 취임 초인 2003년 4월 한 인터뷰에서 남북 정상회담에 대해 이렇게 말한 적이 있습니다.

"정상회담 그 자체가 남북 관계의 목표가 될 수는 없습니다. 다시 말해서 정상회담도 과시용이 아니라 구체적으로 새로운 진전을 이루어 내야 할 중요한 계기가 있을 때 필요한 것입니다."

노 대통령이 나라를 다스린 이후 남북 교류는 크게 늘었습니다. 남북 교역은 2005년에 10억 달러를 돌파했고, 남측은 북측의 제2 교역국이 됐습니다. 특히 2005년부터 급증한 사람의 왕래는 남북 왕래 10만 명 시대를 열었고, 개성공단에는 북한 근로자 1만 8000여 명이 근무하게 되었지요.

그러나 남북 관계는 아직 구조적으로 약해서 남북 교류 협력을 충분히 뒷받침하지 못하고 있는 실정입니다. 그래서 노 대통령은 그해 광복절 경축사에서 남북이 함께 경제 공동체를 만들기 위해 남북 정상회담이 필요하다고 밝혔습니다. 그리고 남북 정상이 만나는 날, 노 대통령과 부인 권양숙 여사는 함께 남북 정상회담을 하기 위해 평양으로 향했습니다. 그리고 군사 분계선을 직접 걸어서 넘어갔지요.

노 대통령은 정상회담에서 많은 합의를 얻어내고 성과를 올렸습니다. 그뿐만 아니라 빼어난 말솜씨와 유머 감각으로 히트작도

만들었습니다.

김정일 국방위원장이 말했습니다.

"하룻밤 더 쉬어가시죠. 대통령이 그것도 마음대로 결정 못 합니까?"

그러자 노 대통령은 특유의 몸짓을 하며 이렇게 말했습니다.

"큰 것은 내가 결정하지만, 작은 것은 내 마음대로 결정하지 못합니다."

그러면서 의전팀, 경호팀과 상의해야 한다고 했습니다. 전혀 예상치 못한 김 위원장의 제안에 대한 노 대통령의 대답 한마디는 대한민국 국민들에게 믿음을 줬습니다.

 ## 봉하마을 지킴이

　노무현 대통령은 퇴임 전에 입버릇처럼 이런 말을 하곤 했습니다.
　"농촌으로 돌아가 아이들에게 희망을 주는 삶을 살겠다."
　그러면서 그는 대통령 임기가 끝난 후에 고향인 경남 김해의 봉하마을로 돌아가겠다고 밝혔습니다. 그렇게 말하는 노 대통령의 얼굴은 어린아이처럼 해맑았습니다. 그에게는 퇴임 후를 보람 있게 보낼 구체적인 계획이 있어 보였습니다.
　2008년 2월 25일, 그는 후임자인 이명박 대통령의 취임식에 참석한 후, KTX를 타고 밀양을 거쳐 고향인 경상남도 김해시 진

영읍 봉하마을로 향했습니다. 퇴임 후 고향으로 돌아가겠다는 약속을 지킨 것입니다. 노 전 대통령은 퇴임 후 고향으로 내려간 첫 대통령이기도 했지요.

봉하마을로 돌아온 전임 대통령은 1만 명이 넘는 수많은 사람들에게 뜨거운 환영의 박수를 받았습니다. 그는 자신에 대한 환영 열기가 생각보다 뜨거운 데 놀랐습니다.

전임 대통령은 군중을 향해서 즉석연설을 했습니다.

"감사합니다. 불민(어리석고 둔하여 민첩하지 못하다)한 이 사람을 이렇게 뜨겁게 맞아 주시니 정말 감사합니다."

전임 대통령은 47분 동안 자신을 환영하기 위해 온 사람들을 향해 연설을 했습니다. 그러다가 연설을 마칠 무렵, 마음속 응어리를 다 토해 내듯 크게 소리쳤습니다.

"지난 5년간 대통령직을 좀 잘했으면 어떻고 못했으면 어떻습니까! 그냥 열심히 했으니 예쁘게 봐 주십시오. 오늘 제가 딱 맘 놓고 하고 싶은 얘기 한마디 하겠습니다!"

사람들은 호기심 어린 눈으로 그를 바라보았습니다. 그러자 전임 대통령은 한 호흡 숨을 멈추더니 소리쳤습니다.

"야~ 기분 좋다!"

그는 아주 홀가분한 표정이었습니다. 그동안 대통령직을 수행하느라고 몹시 짓눌렸던 모양입니다. 사람들은 그런 그에게 환호로 답했습니다.

다음 날 노 전 대통령은 부인 권양숙 여사와 함께 주민등록 이전 신고를 마쳤고, 3만 1873번째 공식 진영읍민으로 기록됐습니다.

노 전 대통령은 점퍼 차림으로 밀짚모자를 쓴 채 자전거를 타고 달리기도 했습니다. 권위 있는 대통령과는 다른 친숙한 서민의 모습이었죠. 이런 전직 대통령의 모습을 보고 사람들은 무척 신선한 기분을 느끼기도 했습니다.

이때부터였습니다. 조용하기만 하던 봉하마을에 때 아닌 관광버스들이 몰려드는 게 아니겠어요? 농부의 모습으로 돌아간 전직 대통령을 보기 위해 전국에서 사람들이 모여들기 시작한 것이었지요. 2009년 4월에만 봉하마을을 찾은 인원이 100만 명을 넘어서는 기록도 세웠습니다.

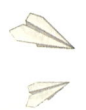

노 전 대통령은 이따금 시간을 내서 관광객과 대화를 나눴습니다.

"좁게는 제 고향, 넓게는 모든 농촌에 주말이면 손자, 손녀가 놀러 올 수 있는 사람 사는 세상이 되었으면 좋겠습니다."

또 그는 틈틈이 전국을 돌아다니며 지역 발전을 위해 여러 가지 방안을 생각해 보기도 했습니다.

진주시 집현면의 우수 조림지 견학을 시작으로 진주 산림박물관을 방문하고 함평 나비축제와 김해 장군차밭을 견학했습니다. 그리고 여름휴가 때는 강원도 전역을 돌아보며 봉하마을을 '살기 좋은 농촌'으로 만들기 위해 왕성한 활동을 펼쳤습니다.

이 같은 활동의 영향으로 노 전 대통령은 봉하마을의 대표적인 '관광 자원'이 됐습니다. 실제로 봉하마을은 하루 평균 7~8천 명이 방문할 정도로 김해 최고의 관광지로 떠올랐습니다.

한편 노 전 대통령은 자신의 홈페이지 '사람 사는 세상' 뿐 아니라 토론 사이트인 '민주주의 2.0'을 개설하는 등 새로운 정치적 실험을 시도하기도 했습니다.

노 전 대통령이 고향으로 돌아오면서 가지고 왔던 '생태 농촌 만들기'와 '시민 민주주의 발전'이란 두 가지 목표가 점차 실현되고 있었지요. 특히 '민주주의 2.0'은 '시민 민주주의 발전'을 위한 장치인 셈이었어요.

때문에 토론을 즐겼던 노 전 대통령은 인터넷 토론 사이트인 '민주주의 2.0'을 엶으로써 인터넷에서 국민들과 활발히 소통할 수 있었습니다.

'민주주의 2.0'은 사용자 참여 중심의 인터넷 환경인 웹 2.0에서 착안한 이름으로 체계적 토론을 통해 더 나은 민주주의 공동체를 만들어 가자는 뜻을 담고 있다고 합니다. 노 전 대통령은 '노공이산'이라는 필명으로 글을 올리기 시작했습니다. 노공이산이란 중국 고대의 고사성어인 우공이산을 자기 식으로 표현한 것입니다.

우공이산이란 말에는 이런 뜻이 있습니다. 옛날 중국 어떤 마을 한가운데에 산봉우리가 두 개 솟아 있어서 마을 사람들이 다니기가 너무 불편했다고 합니다. 그러던 어느 날 그 마을에 사는 우공이라는 노인이 자식들과 함께 한쪽 산의 흙을 파서 바다로

내다 버리기 시작하는 것이었어요. 마을 사람들이 놀라서 왜 그런 바보 같은 짓을 하느냐고 물었습니다. 그러자 노인이 이렇게 대답했어요.

"내가 하다가 죽으면 우리 아들이 할 것이고 아들이 하다가 죽으면 손자가 할 것이오. 그러면 저 산은 다 옮겨질 것이고 마을 사람들은 편안하게 살 것 아니오?"

과연 우공이 죽고, 그 아들이 죽고, 손자 때에 가서 산은 다 옮겨졌고, 그 후 마을 사람들은 넓은 길을 편안하게 다니며 우공 노인을 칭송하게 되었다는 이야기입니다.

노 전 대통령도 그런 우공 노인처럼 되고 싶어서 스스로에게 노공이란 이름을 붙인 것입니다. 노공은 자신이 하는 작은 일이 훗날 산을 움직이는 커다란 힘이 되길 바랐던 것입니다.

노무현 전 대통령이 풀밭에서 썰매를 타는 사진이 공개돼 인기를 모은 적이 있습니다. 노 전 대통령의 공식 홈페이지 사진 자료실에 가족 등과 함께 강원도에서 휴가를 즐기는 사진이 올라온 것이었지요.

당시 노 전 대통령은 가족, 비서 등과 함께 강원도 용평 리조트에서 여름휴가를 보내고 있었습니다. 노 전 대통령 일행은 한국자생식물원과 바람마을 의야지, 강릉 선교장 등을 방문했습니다.

한국자생식물원을 방문한 그때 노 전 대통령은 "우리 꽃이 있어서 이 땅이 더 아름답다"는 내용의 방명록을 남겼고, 바람마을 의야지를 방문했을 때는 초원에서 썰매를 타며 즐거운 시간을 보내기도 했습니다.

노 전 대통령은 언덕에서 빨간 썰매를 타기도 했는데, 시골 언덕에서 풀숲에 처박히며 나둥그러지는 모습도 다 보여줬습니다. 이런 모습들은 전부 사진으로 남았습니다.

그리고 이런 사진에 대해 네티즌들은 폭발적인 반응을 보였습니다.

"소박해 보인다."

그렇습니다. 소박한 그 모습 그대로가 바로 노무현 전 대통령의 모습입니다.

봉하마을에서의 생활은 노 전 대통령에게 또 다른 실험이자 도전이었습니다.

그는 '친환경 농업이 성공할 수 있다'는 것을 보여주고 싶어서 고향 마을을 선택했다고 밝혔습니다. 또한 그는 대통령직을 수행

하면서 앞으로 우리나라도 농업을 개방할 수밖에 없는 상황이라는 것을 알게 되었고, 그것을 극복하기 위해서는 친환경 농업이 하나의 방법이라고 믿었습니다.

봉하마을이 인근에는 화포천 등이 있어 홍수 때 침수되고, 1.5킬로미터 정도 떨어진 공업단지에서 폐수가 흘러 들어올 수도 있어 친환경 농업을 하기에 적합하지 않다는 것을 알고 있었습니다.

하지만 그는 고향 사람들에게 말했습니다.

"어느 곳보다 적합하지 않은 봉하에서 친환경 농업이 가능하다는 것을 몸소 보여 주고 싶습니다."

봉하마을은 노 전 대통령의 주도로 오리농법을 시작했습니다. 2008년에는 2만 4천여 평이었던 오리농법 경작지가 2009년에는 그 10배인 24만 평으로 늘어났습니다. 2008년에는 AI(조류독감)가 발생해 오리를 계속 이용해야 하는지 고민이 많았지만, 그 결과는 대성공이었습니다.

그가 고향에 내려온 후 숲 가꾸기와 오리농법, 화포천 정비사업 등을 하자 마을은 많이 달라졌습니다. 그는 직접 봉하마을 주변 하천에서 쓰레기를 줍고 화포천에 대한 환경 정화 활동을 벌

이면서 봉하마을의 주변 환경을 개선하는 활동에 솔선수범했습니다.

　노 전 대통령이 봉하마을 주민들과 함께 재배한 '노무현 표 봉하 오리쌀'은 전국적인 유명세를 타면서 불티나게 팔려 나가기도 했지요.

　그러자 봉하마을 사람들은 너무나 기뻤습니다.

　"이 모든 것이 모두 대통령님 덕분입니다. 정말 고맙고 행복합

니다."

 이제 봉하마을은 황금빛 미래를 꿈꾸게 되었습니다. 봉하마을이 친환경 농업에 성공했다는 소식은 전국으로 널리 퍼져 나갔습니다. 그래서 전국 각지에서 많은 농민들이 봉하마을로 친환경 농업을 배우기 위해 찾아오고 있습니다. 이로써 봉하마을은 황금빛 미래를 꿈꾸게 되었습니다.

 노 전 대통령은 봉하마을 사람들이 행복해하는 것을 보고 무척 기분이 좋았습니다.

 ## 거대한 슬픔

　누군가 노무현 대통령을 미국의 링컨 대통령과 비교했던 말처럼, 노무현 대통령의 인생도 비극으로 끝났습니다.

　노무현 대통령은 재임 시절에 높은 도덕성으로 각광을 받았습니다. 소박하고 깨끗했습니다. 이전 대통령들이 권력에 취해 많은 이권에 개입한 것과는 전혀 달랐습니다. 그래서 퇴임 이후에도 많은 국민들이 노무현이란 이름을 좋아했습니다.

　그런데 검찰은 노 전 대통령이 재임 기간 중에 뇌물을 받았다며 압박했습니다. 아직 확실히 밝혀진 것도 없는 일을 사실인 양 언론에 노출했습니다. 노 전 대통령은 괴로웠습니다. 그동안 사

이가 좋지 않던 언론은 기회라고 생각했는지 연일 기사를 내며 노 전 대통령을 괴롭히기 시작했습니다.

매일 기자들이 문 앞에서 기다리고 있자, 노 전 대통령의 얼굴에서는 웃음이 사라졌습니다.

특히 자신 때문에 가족과 주변 사람들이 고통을 받는 것을 못 참아 했습니다. 너무나 괴로워하던 노 전 대통령은 '삶과 죽음이 모두 자연의 한 조각이 아니겠는가?'란 글을 남기고 집 뒷산에 있는 절벽인 부엉이 바위에서 몸을 던졌습니다. 2009년 5월 23일이었습니다.

너무나 올곧아서 세상과 타협할 줄 모르는 의인의 죽음이었습니다.

전국 301곳에 노 전 대통령을 기리는 분향소가 설치되었습니다. 그리고 고향 봉하마을에 100만 명이 찾아왔고, 전국적으로 500만 명이나 되는 사람들이 분향소를 찾았습니다.

마음속의 영원한 대통령을 잃은 국민들은 울분을 토했습니다. 노무현 전 대통령을 죽음으로 내몬 검찰과 언론 그리고 현 정권 관계자를 비난했습니다.

장례식은 국민장으로 치러졌습니다. 국민들은 노 전 대통령을 떠나보내기 싫은 듯 영구차를 따라가며 노 전 대통령의 상징 색깔인 노란색 종이로 비행기를 만들어 던졌습니다.

비행기는 마치 꽃가루처럼 날려 거리를 뒤덮었습니다.

노 전 대통령이 떠나간 후 온 나라는 슬픔에 잠겼지만 그가 남긴 뜻은 지금도 살아 숨 쉬고 있습니다.

약자를 위한 대통령이었고, 서민을 위한 대통령이었습니다. 그리고 부러질지언정 결코 불의 앞에 무릎을 꿇지 않는 영원한 '형님', '노짱'으로 우리 역사와 국민은 기억할 것입니다.

지식창고

대통령이 되려면 어떻게 해야 할까요?

대통령이 되려면 어떻게 해야 할까요?

대통령은 공화제를 채택하고 있는 나라를 대표하는 인물입니다. 공화제란 왕과 같은 군주가 존재하지 않는 나라를 말합니다. 우리나라는 그중에서도 국민들이 직접 정치인을 뽑는 민주공화국입니다.

각 나라마다 대통령의 선거 방식과 임기가 다른데, 우리나라는 선출되면 5년 동안 대통령직을 수행하며 중임이 불가하므로 단 한 번만 대통령을 할 수 있습니다.

대통령은 우리나라를 대표하며, 나라가 위급할 때는 다른 나라에 선전포고를 할 수 있습니다. 그리고 나라의 행정을 이끌어가는 최고의 자리이니 만큼 책임감이 강해야 합니다.

대통령은 대한민국 국민이라면 누구나 후보가 될 수 있는데 대통령 선거일에 만 40세가 넘어야 합니다.

국회의원과 마찬가지로 대통령도 후보 등록을 하려면 기탁금을 내야 하는데, 나라에서 가장 중요한 역할을 하는 사람을 뽑는 선거이니 만큼 기탁금도 5억 원이나 됩니다.

역시 15퍼센트 이상 득표를 하면 기탁금 전부를 돌려받고, 10퍼센트 이상 15퍼센트 미만을 득표하면 절반을 돌려받게 됩니다.

대통령으로 당선되면 대통령 선서를 하는데, 다음과 같은 내용입니다.

"나는 헌법을 준수하고 국가를 보위하며 조국의 평화적 통일과 국민의 자유와 복리의 증진 및 민족문화의 창달에 노력하여 대통령으로서의 직책을 성실히 수행할 것을 국민 앞에 엄숙히 선서합니다."

선서 내용처럼 대통령은 국민과 나라를 위해 막중한 책임을 져야 할 것입니다. 1948년부터 우리나라에는 총 10명의 대통령이 탄생했습니다. 예전에는 지금과 같이 한 번만 대통령을 하는 것이 아니었기 때문에 그 수가 적습니다.

앞서 살펴보았듯이 누구나 대통령이 될 수 있지만, 실제로 국민들에게 뽑히려면 대통령이 될 만한 인격과 능력을 보여주어야 할 것입니다.

재미있는 논술활동

다음 글을 읽고 여러분의 생각을 정리해보세요.

꺼벙한 아이가 무현이와 짝이 되었는데, 무현이는 그 아이의 필통이 탐났습니다.
"너 이 필통이 낡아 보여도 굉장히 쓰기가 편하다. 네 필통이랑 바꿀래?"
꺼벙한 아이는 순순히 그러자고 했습니다. 반짝반짝한 새 필통과 고물 필통을 맞바꾸는 데 성공한 무현이는 기뻐서 어쩔 줄 몰랐지요. 그런데 반 친구들이 일제히 그를 비난하기 시작했습니다.
"야, 너 어떻게 급장이라는 아이가 어수룩한 친구를 꼬여 그런 일을 할 수가 있냐?"
아이들의 눈총은 따가웠고 무현이는 순식간에 궁지에 몰렸습니다. (20페이지 참조)

1 아이들이 무현이를 못마땅해한 이유가 무엇일까요?

_____
_____
_____

2 무현이처럼 얕은꾀로 상대방을 속이려 한다는 우리나라 속담이 있습니다. 무엇일까요?

_____
_____
_____

3 2번의 답을 이용해서 짧은 글짓기를 해보세요.

_____
_____
_____

부모님께

무현이는 좋아했는데, 친구들은 왜 비난을 했는지 친구들의 입장과 무현이의 입장을 번갈아 생각하도록 해주세요. 우리가 배운 속담들이 학교생활과 어떤 관련이 있는지 여러 가지 속담을 이야기해주시면 좋습니다.

예시답안

1. 무현이가 얕은꾀를 써서 어수룩한 친구를 속이려고 했기 때문입니다.

2. 눈 가리고 아웅 한다. (귀 막고 방울 도둑질한다, 머리카락 뒤에서 숨바꼭질 한다 등)

3. 깨진 그릇을 풀로 붙여 놓다니 눈 가리고 아웅 하는 격이다.